SO KOCHT
JAMAIKA

Eßkultur und Originalrezepte von der Antilleninsel

SO KOCHT
JAMAIKA

Eßkultur und Originalrezepte von der Antilleninsel

MOSAIK VERLAG

Inhaltsverzeichnis

Teil I: Kulinarische Tradition

Unter wolkenverhangenen Berggipfeln liegt ein Land unendlicher Vielfalt

Die tropische Insel Jamaika mit ihrer multikulturellen Bevölkerung ist für den Besucher ein Land voller Abenteuer. Die Insel vibriert zu den Rhythmen des Reggae, überall köcheln Chilieintöpfe oder wird Jerk-Fleisch gegrillt – und dies alles vor dem Hintergrund einer üppigen Flora in leuchtenden Farben.

Denkt man an Jamaika, ziehen Visionen von einem Inselparadies mit wolkenverhüllten Bergen und türkisfarbenen Lagunen herauf. Aber Jamaika bietet noch viel mehr.

In vielerlei Hinsicht hebt sich Jamaika von den anderen karibischen Inseln ab. Mit mehr als 10 000 Quadratkilometern ist Jamaika die drittgrößte Antilleninsel und zudem eine der wenigen karibischen Inseln, auf der Landwirtschaft betrieben wird. Dies bereichert die einheimische Küche und trägt dazu bei, daß die Insulaner nicht auf importierte Lebensmittel angewiesen sind.

Hinzu kommt, daß sich die Bevölkerung aus einer Vielzahl von Völkern zusammensetzt. Die riesigen Flächen fruchtbaren Landes haben viele Menschen nach Jamaika gelockt, aber auch Sklaven wurden auf die Insel verschleppt.

Die heutigen Jamaikaner sind die Nachfahren der Indianer, der europäischen Kolonisten, der afrikanischen Sklaven und späterer Einwanderer, darunter Deutsche, Iren, Inder, Chinesen, Libanesen, Syrer und Araber.

Jamaikas Küche ist ein Produkt dieses vielseitigen kulturellen Erbes. Ihren einzigartigen Geschmack verdankt sie den Mischungen von pikanten und scharfen Chilischoten, vielen langsam geköchelten braunen Soßen, intensiv gewürzten Currygerichten und der erfrischenden Süße zahlreicher tropischer Früchte.

Oft findet man die authentischsten Gerichte der Insel in einfachsten Imbißbuden am Straßenrand, während die Köche in den Hotels und Restaurants mitunter traditionelle Geschmacksrichtungen durch neue Zutaten variieren.

In diesem Band möchten wir versuchen, die vielfältige Kultur der Insel darzustellen und sie für den Leser lebendig zu machen. Ob Sie nun schon oft oder noch nie auf Jamaika waren – diese Seiten geben Einblick in die Geschichte, die Kultur und vor allem in die Küche der Insel. Die hier aufgeführten Rezepte zeigen die ganze kulinarische Bandbreite: vom einfachen, aber geschmackvollen, gerösteten Brot bis zum würzigsten Jerk-Hühnchen.

Diese Insel mit ihrer faszinierenden Flora und Fauna und der heiteren Ausstrahlung bietet ein unvergeßliches Erlebnis. Sie ist stets einen Besuch und auch eine kulinarische Reise wert.

Linke Seite:
Ein typisches Inselfrühstück mit Run Down (Rezept auf S. 62), gekochten grünen Bananen und Kartoffeln.

Das Eiland des Kolumbus

Ein Garten Eden mit fruchtbaren Feldern und herrlichen Sandstränden

Seit seiner Entdeckung bezauberte Jamaika seine Besucher. „Das schönste Land, das Augen je erblickten", schrieb ein eifriger Neuankömmling in sein Tagebuch. „Die Berge berühren den Himmel." Dieser Besucher war wohl nicht der letzte, der beeindruckt war von Jamaikas Schönheit, aber wahrscheinlich der erste, der es schriftlich festhielt. Man schrieb das Jahr 1494, und der Besucher war Christoph Kolumbus. Er befand sich auf seiner zweiten Reise in die Neue Welt und war gekommen, um dieses „schönste Land" für Gott, für sich selbst und für Spanien zu beanspruchen.

Kaum jemand hat diese Berge, Wasserfälle und Hügel, die zu den palmengesäumten Stränden hin abfallen, erblickt, ohne sogleich an den biblischen Garten Eden zu denken. Jamaika wurde aber nicht nur von der Natur, sondern auch von Menschenhand geformt.

Die ersten Bewohner Jamaikas, die Arawaks, nannten die Insel Xaymaca (Land des Waldes und Wassers) – eine passende Beschreibung des Eilands vor der Ankunft der Europäer. Wald und Wasser gab es reichlich und ansonsten fast nichts, außer einem Mangrovendickicht. Die Spanier und die Briten aber brachten der Insel und ihren Bewohnern nicht nur Leid, sondern auch farbenfrohe und eßbare Pflanzen. Die tropischen Früchte und Blumen dieses paradiesischen Eilands stammen aus Ländern wie Indien, China und Malaysia. Die Insel bot den zahlreichen Zuwanderern außer Schönheit vor allem fruchtbare Erde. Die Kolonisten erforschten viele andere karibische Inseln, fanden dort aber nur Sand und ein paar Palmen vor. Auf Jamaika jedoch konnten sie sich niederlassen und die Insel nach ihrer eigenen Vorstellung formen.

Jamaika liegt in der westlichen Karibik und ist nach Kuba und Hispaniola die drittgrößte Insel der Großen Antillen. Vor Millionen von Jahren war sie eine Vulkaninsel. Die Berge im Landesinneren erreichen eine Höhe von fast 2300 m und fallen zu einer schmalen Küstenebene ab. Jamaika bezitzt über 160 Flüsse und eine zerklüftete Küste mit vielen Sandbuchten. Die Insel besteht größtenteils aus Kalkstein, was die vielen unterirdischen Höhlen und die Korallenriffs vor der Küste erklärt. Der Kalkstein ist auch für das wohlschmeckende, natürlich gefilterte Trinkwasser verantwortlich. Die Berge im Osten – darunter der Blue Mountain Peak mit seinen 2256 m – sind von nebelverhangenen Pinienwäldern mit üppig gedeihenden Blumen aus der nördlichen Hemisphäre bedeckt. Hier gibt es in den Häusern sogar offene Kamine, und am Abend zieht man schon einmal einen Pullover über. An einigen Stellen fallen die Berge als steile Klippen ins Meer ab. Die wärmere, flachere Südküste erinnert mitunter an eine afrikanische Savanne oder eine indische Ebene; hier wechseln sich schwarze und weiße Sandstrände ab, und es gibt viele Mineralwasserquellen. Tropische Regenwälder stehen in einer friedlichen, leuchtend grünen Landschaft, die – wenn man von den gelegentlichen Kokospalmen absieht – auch im Süden Englands liegen könnte. Es ist wohl aus der Geschichte der Insel zu erklären, daß viele Gebiete Jamaikas an jene Länder erinnern, aus denen große Teile der Bevölkerung stammen.

Zur Glanzzeit des britischen Empires führte man Blüten- und Obstbäume aus Asien, dem pazifischen Raum und Afrika ein. Die Akeefrucht, die

Druck aus dem späten 19. Jh.: Muriton House und Plantage, Morant Bay

zum Frühstück so beliebt ist, kam mit den Sklavenschiffen aus Westafrika. Die Brotfrucht wurde vom berühmten Kapitän Bligh auf der *Bounty* aus Tahiti eingeführt. Zuckerrohr, Bananen und Zitrusfrüchte brachten die Europäer mit.

Auf Jamaika gab es aber auch einheimische Früchte wie z.B. die Ananas, die bis zu den Hawaii-Inseln exportiert wurden. Der Mahagonibaum gelangte von Jamaika nach Mittelamerika. Verschiedene Orchideenarten, Ananasgewächse und Farne gibt es nur auf Jamaika, und viele eingeführte Früchte gedeihen nirgendwo anders so gut wie hier.

Die Insel ist ein Paradies für Vögel; vor allem unzählige exotische Arten tummeln sich hier. Sie sind

entweder auf Jamaika beheimatet oder wurden eingeführt. Darunter befinden sich verschiedene, teilweise winzige Kolibriarten, so auch der Schwalbenschwanzkolibri, der auf Jamaika *doctor bird* genannt wird. Im Norden gibt es die glänzend schwarze Krähenart der Antillen, die auf den Namen Kling-kling hört. In den Bergregionen flattert der *Papillo homerus* umher, einer der größten Schmetterlinge der Welt. Im Gegensatz zu den meisten Einwohnern, ob Tier oder Mensch, ist der *Papillo homerus* seit jeher auf Jamaika heimisch.

An den Küstenebenen der Insel herrscht ein tropisches Klima mit einer jährlichen Durchschnittstemperatur von 26,7 °C. Doch Hitze und Feuchtigkeit werden durch die nordöstlichen Winde gemildert, so daß die Temperatur auf einer Höhe von ca. 900 m etwa 22 °C beträgt. Die Niederschlagsmengen variieren auf der Insel stark: von nur 800 mm pro Jahr in der Gegend von Kingston bis zu mehr als 5000 mm im Gebirge des Nordostens. Am meisten regnet es in den Monaten Mai, Juni, Oktober und November; Hurrikane suchen die Insel im Spätsommer und im Herbst heim.

Die Wirtschaft Jamaikas beruht größtenteils auf der Landwirtschaft, obwohl die Insel mit diversen Bodenschätzen wie Bauxit, Gips, Blei und Salz gesegnet ist. Das Bauxitvorkommen gilt als eines der größten der Welt. Trotz der Diversifikation in den Bereichen Bergbau, Handwerk und Tourismus hat das Land jedes Jahr mit einem Haushaltsdefizit zu kämpfen. Die Landwirtschaft beschäftigt immer noch mehr als 20 Prozent der Inselbevölkerung. Zuckerrohr ist das wichtigste Anbauprodukt, gefolgt von Bananen, Zitrusfrüchten, Tabak, Kakao, Kaffee, Kokosnüssen, Mais, Chilischoten, Ingwer, Mangos, Kartoffeln und Pfeilwurz. Zu den Viehbeständen zählen etwa 300 000 Rinder, 440 000 Ziegen und 250 000 Schweine.

Dies ist die üppige tropische Szenerie, in der das Leben der Insel stattfindet. Aber natürlich darf man bei der Beschreibung Jamaikas seine Menschen nicht vergessen.

Viele Völker, eine Nation

Handel und Kolonisation haben das Gesicht des Inselstaates geprägt

Wer in Jamaika genau hinhört, bekommt unzählige Hinweise auf ferne Gegenden. Jamaikaner sprechen scheinbar über Orte in England und Israel – von Somerset bis Siloah, von Highgate bis Horeb –, aber diese Orte gibt es auch auf Jamaika. Wenn man mit dem Bus über Land fährt, stößt man auf Städtchen und Dörfer mit Arawak-Namen wie Liguanea, mit spanischen Namen wie Oracabessa und mit jamaikanischen Namensschöpfungen wie Rest-and-Be-Thankful, Red Gal Ring und sogar Me-No-Sen You-No-Come.

Diese Ortsnamen zeugen von den vielen verschiedenen Einflüssen, die Jamaika prägen. Die 2,3 Millionen Inselbewohner sind in der Tat ein Kaleidoskop zahlreicher Ethnien, das auch den eifrigsten Genealogen verzweifeln ließe. Die meisten Menschen sind farbig, und man sieht auch Nachfahren von Chinesen, Ostindern, Arabern und Europäern. Fünf Jahrhunderte nach Kolumbus leuchtet Jamaikas Landschaft noch immer in den Farben des Regenbogens. Und der Regenbogen ist eine passende Metapher für die Vermischung der Kulturen, die Spannungen, aber auch Toleranz mit sich bringt.

Etwa 1000 n. Chr. legten die erstes Indios aus der Orinoco-Region Südamerikas mit ihren Kanus an den Küsten Jamaikas an. Zu ihren Vorgängern gehörten möglicherweise die Ciboney-Indianer, die ursprünglich aus Florida kamen und die später auf den größeren Antilleninseln ansässig waren. Die Arawaks jedoch hinterließen bleibende Spuren auf der Insel.

Als Christoph Kolumbus 1494 Fuß auf die Insel setzte, hatten die Arawaks schon fast fünf Jahrhunderte hier gelebt. Sie waren ein friedliebendes, sanftes Volk; sie jagten, fischten und bestellten das Land. Ihr Jahreszyklus war von vielen Festen geprägt. Die Spanier zwangen die Arawaks zu schwerer Arbeit, so daß sie innerhalb von 50 Jahren ausgerottet waren. Aber bald verloren die Spanier das Interesse an Jamaika. Sie hatten im Landesinneren nicht die begehrten Edelmetalle gefunden, die schnellen Reichtum ver-

Devon House wurde 1881 von George Stiebel erbaut, einem schwarzen Jamaikaner, der sein Vermögen in Südamerika gemacht hatte. Das ehemalige Herrenhaus beherbergte einst die National Gallery und ist nun der Öffentlichkeit zugänglich.

Ein Rasta verkauft karibischen Hummer in der Nähe von Buff Bay. Er trägt Locken und Bart, um seine Verbundenheit mit Jah (Gott) zu zeigen. Die religiöse Bewegung der Rastafaria entwickelte sich aus der Sklavengesellschaft Jamaikas.

Das berüchtigte Port Royal entstand auf einem Stück Land gegenüber dem heutigen Kingston. Morgan und seine Banditen fanden dort einen sicheren Hafen, der ihren Zwecken dienlich war. Morgan genoß ein Leben in Wohlstand, wurde sogar zum Ritter geschlagen und zum Gouverneur-Leutnant von Jamaika ernannt. Port Royal erging es jedoch nicht so gut. Am 7. Juni 1692 ließ ein Erdbeben den größten Teil der Stadt im Meer versinken, eine Flutwelle zerstörte den Rest. Vor kurzem haben Taucher einige Schätze aus der versunkenen Stadt ans Tageslicht geholt, doch das meiste liegt noch immer in den Tiefen verborgen.

Das 18. Jh. brachte den Zuckerbaronen Jamaikas, die auf ihren Plantagen die unangefochtenen Herren waren, großen Wohlstand. Die Insel wurde zum weltweit größten Zucker-Produzenten, was der schweißtreibenden Arbeit afrikanischer Sklaven zu verdanken war. Großartige Residenzen, die sogenannten Great Houses, erhoben sich über den Zuckerrohrfeldern und zeugten vom Vermögen ihrer Besitzer.

An diesem Reichtum hatten die 2 Millionen Sklaven, die von Afrika nach Jamaika und Barbados gebracht wurden, nicht teil. Sie wurden grausam miß-handelt, und man verbot ihnen sogar, ihre eigene Sprache zu sprechen oder ihre Bräuche zu pflegen. Obwohl strenge Disziplin herrschte, konnten die Sklavenbesitzer den Geist der Rebellion jedoch niemals ganz bezwingen. Jamaika weist eine lange Geschichte von Sklavenaufständen gegen die tyrannischen Plantagenbesitzer auf.

Die Maroons, Nachkommen von entflohenen Sklaven aus der spanischen Ära, waren den Sklaven

hießen, und überließen die Insel 161 Jahre lang ihrem Schicksal. Als 1655 5000 britische Soldaten in Kingston erschienen, flohen die Spanier.

Die folgenden drei Jahrhunderte englischer Herrschaft auf Jamaika wurden von eleganten Bauten und Piraten geprägt. Der britische Freibeuter Henry Morgan war eng mit dem Gouverneur Jamaikas befreundet und genoß dessen Schutz – ganz gleich, wieviel er auch plünderte.

auf den Zuckerrohrplantagen vielfach Vorbild. Diese von den Spaniern *Cimarrones* (Entlaufene) genannten Männer und Frauen lebten in den Bergen und widersetzten sich erfolgreich den Briten. Die Maroons zogen weitere Flüchtlinge an und inszenierten Aufstände, bis ihnen 1739 ein gewisses Maß an Autonomie zugestanden wurde, das sie sich bis heute bewahrt haben.

Wie sich herausstellte, waren die Pflanzer beinahe so rebellisch wie ihre Sklaven. Als die 13 amerikanischen Kolonien ihre Unabhängigkeit von Großbritannien erklärten, beschloß das Jamaica House of Assembly sich ihnen anzuschließen. Diese Deklaration blieb zwar folgenlos, galt aber als mutige Geste. Wie die Baumwollplantagen im Süden der USA wurde auch der Anbau von Zucker unrentabel, als 1807 der Sklavenhandel auf Jamaika verboten wurde. Die Sklaverei selbst wurde 1838 abgeschafft. Im Gegensatz zu den Vereinigten Staaten von Amerika, wo der Bürgerkrieg die Nation spaltete, war der Übergang auf Jamaika friedlich. Zunächst wollten die Pflanzer ihre ehemaligen Sklaven einstellen. Aber bald mußten sie einsehen, daß die meisten freien Männer und Frauen nicht auf den Plantagen arbeiten wollten. Daher bemühte man sich um billige Arbeitskräfte von außerhalb, wodurch in Jamaika die Periode der Einwanderungen eingeläutet wurde.

Im Lauf der folgenden Jahrzehnte kamen Wellen von Einwanderern auf die Insel. Sobald eine Gruppe auf der sozialen Leiter die erste Stufe erklommen hatte, mußten neue Arbeiter für die niedrigsten Verrichtungen angeworben werden. Zuerst kamen einige Deutsche und Iren, dann viele Einwanderer aus Indien und China.

95 Prozent von Jamaikas Bevölkerung weisen afrikanische Wurzeln auf, und doch haben die meisten auch einen entfernten Verwandten in Großbritannien, im Mittleren Osten, in China, Portugal, Deutschland, Südamerika oder auf einer anderen karibischen Insel. In der Regel leben all diese Gruppen friedlich zusammen.

Mitte des 20. Jh. hatte sich eine Art „nationale Identität" etabliert. Sie erhielt am 6. August 1962 offizielle Anerkennung, als Jamaika ein unabhängiger Staat mit lockerer Verbindung zum Commonwealth wurde. An jenem Tag wurde der Union Jack eingezogen und die schwarz-grün-goldene Flagge Jamaikas gehißt.

„Out of Many, one Nation" (viele Völker, eine Nation) ist das Motto Jamaikas. Jamaikas Einheit spiegelt sich in der Sprache der Menschen wider, die sowohl Wörter als auch Sprachmuster aus westafrikanischen Sprachen aufweist. Der Jamaikaner spricht, selbst in den dunkelsten Momenten seines Lebens, mit einem singenden Tonfall, der jeden Satz zu einem Lied macht.

Schulpause in Port Antonio. Die Schulmädchen sehen hier entspannt aus, aber das Schulsystem auf Jamaika ist recht hart. Schüler müssen für jeden Schulplatz Prüfungen bestehen, da es nicht genügend Schulen für alle Kinder gibt.

Die Rastafaris

Der eingängige Rhythmus des Reggae verbreitet die Rasta-Botschaft von Protest und Reinheit

Norma Benghiat

Die Vermischung der Kulturen auf Jamaika hat auch zu einer Verschmelzung der Religionen geführt. Die meisten Jamaikaner betrachten sich als Christen, und doch gibt es auch beachtliche Gemeinden von Juden, Hindus, Moslems und anderer Religionen. Aber der Glaube der Rastafaris ist die Religion, die auf Jamaika ihren Ursprung und eine ernstzunehmende Anhängerschaft gefunden hat. Sie wird auch von andersgläubigen Jamaikanern respektiert.

Stand mit Strickhüten in leuchtenden Farben bei Ocho Rios. Die äthiopischen Nationalfarben Rot und Gold machen deutlich, daß viele Jamaikaner sich mit Afrika verbunden fühlen.

Das Wort „Rasta" beschwört das Bild Marihuana rauchender Reggae-Musiker herauf, denn die Reggae-Musik ist wohl die bekannteste Ausdrucksform dieser Religion. Es waren so berühmte Musiker wie Bob Marley, die Reggae mit dieser Religion oder Bewegung assoziierten.

Sie ist eines der bedeutendsten Phänomene, die aus der Sklavengemeinschaft der jamaikanischen Plantagen hervorgingen. Die Rasta-Bewegung war die Antwort auf die Verunglimpfung von Menschen afrikanischer Herkunft auf eine Gesellschaft, die die größte ihrer Bevölkerungsgruppen nicht anerkannte. Die Rastafaris zogen sich aus der westlichen Gesellschaft zurück und entwickelten eigene Formen der Musik, der Sprache, des Glaubens, der Ernährung, des Lebensstils und der Kleidung.

Rastafaris glauben an die Göttlichkeit des letzten äthiopischen Königs Haile Selassie, den sie als Messias – Rastafari – betrachten. Sie glauben an die Rückkehr nach Äthiopien und betrachten sich als einen der Stämme Israels. Sie sind davon überzeugt, daß bestimmte Kapitel des Alten Testaments von Haile Selassie und Äthiopien handeln. Gott, Jah genannt, ist nach ihren Vorstellungen ein Schwarzer. Die Rastafaris sehen sich als die wahren Hebräer, die von Jah auserwählt wurden. Rastafaris, die streng nach ihrem Glauben leben, werden als Heilige angesehen, die anderen als „Brüder".

Diese Religion verurteilt Habgier, Unehrlichkeit und Ausbeutung. Bis auf das sakrale Rauchen von *Ganja* (Marihuana, dessen Besitz, Verkauf und Konsum auf Jamaika illegal ist) sind wahre Rastafaris gesetzestreu, sehr stolz auf ihre schwarze Herkunft und Geschichte, haben ein positives Selbstbild und streben nach Selbständigkeit. Der Lebensstil der Rastafaris spiegelt diese Grundsätze wider.

Einige der orthodoxen Rastafaris erinnern mit ihren Bärten, langen Gewändern, Stäben und in Turbane gewickelten „dreadlocks" an biblische Gestalten. Man bezieht sich auf Leviticus 21.5 („Sie dürfen sich auf ihrem Haupt keine Glatze scheren und dürfen den Rand ihres Bartes nicht stutzen und an ihrem Leib keine Einschnitte machen.") als Grund für das Wachsenlassen der Haupthaare. Die Haare werden nicht gekämmt, und je länger die Locken, desto größer die Hingabe des Rastas an einen religiösen Lebenswandel. Viele Rastafaris tragen ihre Locken in einen Turban gewickelt, doch dies ist nicht das einzige äußerliche Zeichen ihrer Religion. Sie tragen auch mit Vorliebe Kleidung in den Farben der äthiopischen Flagge, Rot, Grün und Gold.

Die Ernährung der Rastafaris nennt man *I-tal*, was in der Rastasprache „natürlich" bedeutet; sie ist grundsätzlich streng vegetarisch. Die Rastafaris glauben, daß der Mensch nur das essen sollte, was die Erde hervorbringt. Die Nahrung sollte kein totes Fleisch irgendwelcher Lebewesen enthalten. Auch industriell gefertigte Lebensmittel jeder Art werden abgelehnt, da sie Zusätze enthalten, von denen die Rastas glauben, daß sie Krankheiten wie Krebs hervorrufen. Lebensmittel sollten natürlich angebaut werden, also ohne künstlichen Dünger.

Die *I-tal*-Küche verwendet Produkte des Landes: Bohnen und viele andere Gemüse sowie Getreide und Früchte. Nur wenige Rastafaris verzehren Fisch und Geflügel, andere wiederum essen *I-Tal*-Speisen nur in rohem Zustand. Marihuana wird oft gekochten Speisen zugegeben und, aufgebrüht als Tee, als Heilmittel verabreicht. Rastafaris trinken keinen Alkohol, sondern Fruchtsäfte, die zu alkoholfreien *I-tal*-Cocktails gemixt werden.

Einige Rastafaris verzichten auf Besteck und Geschirr und essen ihre Gerichte statt dessen aus Kokosnuß- und Kalebassenschalen mit den Fingern. Überzeugte Rastafaris trinken auch kein aufbereitetes Trinkwasser und sammeln Regenwasser, um ihre Speisen zuzubereiten.

Zu bestimmten Zeiten finden Versammlungen statt, etwa um den Geburtstag von Haile Selassie oder das äthiopische Weihnachten und Neujahr zu feiern. Bei diesen Zusammenkünften sorgen *Niya-binga*-Trommeln und Rasta-Musik für eine intensive spirituelle Stimmung.

Ganja, das wahrscheinlich mit südostasiatischen Einwanderern nach Jamaika kam, spielt im Leben der Rastafaris eine wichtige Rolle. *Ganja* wird in kegelförmigen „Spliffs" aus braunen Papiertüten oder Zeitungspapier oder in einer Bambuspfeife, die reihum gereicht wird, geraucht. Das Kraut soll zu offenen Gesprächen animieren.

Leuchtende Farben sind für die Kunst der Rastafaris charakteristisch. Der große Einfluß, den die Rastafaris auf die einheimische Musik hatten, ist allgemein bekannt, von Ska zu Rock Steady bis zum bekanntesten Phänomen, dem Reggae. Dieser hat sich mit seinem eingängigen Rhythmus und seinen kritischen Texten inzwischen als Musikrichtung fest etabliert und den Geist der Rastafaris durch die ganze Welt getragen.

Vom Feld auf den Tisch

Exotische Früchte und Gemüse in allen Farben und Formen
finden ihren Weg in die Küche Jamaikas

Norma Benghiat

Rechts:
*Auf ihrem Weg zum
Markt in der Nähe
von Port Antonio
zeigt diese Frau ihre
frisch gepflückten
Mangos. Tradi-
tionell trägt man
Waren auf dem
Kopf.*
Rechte Seite:
*Die meisten
Straßenverkäufer
sind Frauen – eine
Tradition, die noch
aus Westafrika
stammt.*

Die Indianer kamen wohl wegen des Klimas und der Fruchtbarkeit nach Jamaika, die Europäer aber, weil sie auf der Suche nach Gold waren. Als diese Suche nicht erfolgreich war, wandten sie sich den anderen Ressourcen der Insel zu. Feldfrüchte wurden von weither nach Jamaika gebracht, wo sie so prächtig wie nirgendwo sonst gediehen.

Zur Zeit der großen Plantagen durften viele Sklaven ihre eigenen Gemüse in winzigen Parzellen anbauen, die Tierhaltung war dagegen meist verboten. Es gab den Aberglauben, daß Sklaven, die rotes Fleisch aßen, Appetit auf ihre Herren bekommen würden. Einen Überschuß an Gemüsen durften die Sklaven untereinander verkaufen. So entstand die Tradition des Sonntagsmarkts auf Jamaika. Es war ein mitreißendes Spektakel im Stadtzentrum, wo die Higgler (Straßenverkäufer) lautstark ihre Waren feilboten.

Die Märkte waren für die Landbevölkerung Versammlungsorte, an denen der neueste Klatsch verbreitet und Nachrichten ausgetauscht wurden.

Dieses wöchentliche Ereignis war mit einem Jahrmarkt vergleichbar.

In jenen Tagen brachen die Landbewohner sehr früh am Morgen oder bereits am Tag zuvor mit ihren beladenen Eseln auf. Die Eselskarren verursachten riesige Verkehrsstaus, wenn sie sich ihren Weg durch die Menschenmengen bahnten.

Auf den Märkten wurden große Mengen an frischen, farbenfrohen Früchten und Gemüsen angeboten: rote Tomaten, Mangos und Papayas, violette Auberginen, grüne *Cho-chos* und *Callaloo*, grüne und reife Bananen, Brotfrüchte und Kochbananen.

Zum ohrenbetäubenden Lärm, der auf den Märkten herrschte, trugen die Schreie der Straßenverkäufer erheblich bei. Martha Beckwith beschrieb sie in ihrem Buch *Black Roadways* als „musikalischen Ruf, der mit eigenartigem Tonfall anstieg und abfiel."

„Buy yu'white yam! Buy yu'yellow yam! Buy yu'green bananas!"

„Ripe pear fe breakfast – ripe pear!"

Heute findet man in den Städten nur noch wenige umherziehende Straßenverkäufer. Die Higglers haben meist feste Stände am Straßenrand und verlangen für ihre Waren oft höhere Preise als im Supermarkt, allerdings bieten sie beste Qualität.

Auch die Märkte haben sich im Lauf der Zeit verändert. Heute werden nur noch selten Eselskarren für den Transport verwendet, die Marktleute kommen per Bus, Laster oder Lieferwagen an. Die Märkte selbst bieten nicht mehr so ein Spektakel wie in früheren Zeiten, aber sie sind noch immer der Ort, an dem man das größte Angebot an frischen Produkten findet.

Ein Großteil des Gemüses und Obstes wird von Kleinbauern angebaut; es gibt nur wenige große Obstplantagen. In einem typischen Hinterhof drängen sich Obstbäume und Gemüsebeete, wachsen Mangos, Limonen, süße und saure Anonen neben Akees, Zuckerrohr, Bananen, Avocados und was die Erde sonst noch hervorbringt.

Gemüse werden sowohl in den kühleren Bergregionen als auch in den Ebenen angepflanzt. Die Region Santa Cruz bei St. Elizabeth ist die Kornkammer Jamaikas. Die fleißigen Bauern produzieren hier – trotz fehlender Bewässerungsanlagen – sogar im Überschuß. Es werden auch Schalotten, Thymian und Zwiebeln in großem Umfang angebaut. In den Bergregionen gedeihen Salat, Bok Choy, Kohl, Schalotten und Thymian.

Zu den Stärkelieferanten zählen Brotfrüchte, Maniok (bitter und süß), Süßkartoffeln und Kartoffeln, Yams, Taro, Kochbananen und Bananen (reif und grün).

Die Insel ist mit einer erstaunlichen Vielfalt von Früchten gesegnet. Einige davon sind hier beheimatet, andere wurden im Laufe der Jahrhunderte eingeführt. Im Sommer gibt es natürlich die meisten Früchte wie Ananas, Mango, Tahiti-Apfel, süße und saure Anonen oder Pflaumen.

Auf Jamaika werden Rinder gezüchtet. Sie wurden ursprünglich von den Besitzern großer Zuckerrohrplantagen und anderen Großgrundbesitzern mit genügend Weideflächen gehalten. Schweine wurden schon im 16. Jh. von den Spaniern auf die Insel gebracht und verwilderten dann in den Bergregionen. Sie wurden gejagt und meist gegrillt verzehrt. Eine besondere Art der Zubereitung hatten die Maroons entwickelt, die heute als *jerk pork* bekannt ist. Ursprünglich wurden Ziegen von den Bauern ausschließlich wegen der Milch gehalten. Der Zustrom von indischen Einwanderern hat jedoch die Nachfrage nach Ziegenfleisch ansteigen lassen, so daß dieses Fleisch heute oft teurer als Rindfleisch ist. Geflügel wurde von Spaniern, Engländern und Afrikanern auf die Insel gebracht. In vielen Haushalten werden auch heute noch ein paar Hühner gehalten.

Fische und Krustentiere gab es einst im Überfluß, sie sind aber aufgrund von Überfischung rar geworden. Heute kommen sie hauptsächlich von den Pedro Banks südlich der Insel, oder man greift auf Zuchtfische zurück.

Die beeindruckende Vielfalt der auf der Insel erhältlichen Lebensmittel inspirierte viele Neuankömmlinge auf Jamaika, Rezepte aus ihrer Heimat mit anderen Zutaten zuzubereiten. Auf diese Weise kreierten sie neue Gerichte und legten den Grundstock der heutigen jamaikanischen Küche.

Jamaikanische Eßkultur

Ziegengerichte und Hochzeitskuchen – neue Eßgewohnheiten ersetzen die alten

Norma Benghiat

Jamaikas Küche hat sich im Lauf der Zeit verändert, und neue Eßgewohnheiten haben einige der alten abgelöst. Aber man findet auch heute noch Eßsitten und Gerichte, die an Jamaikas Kolonialzeit und die diversen Einwanderergruppen erinnern.

Der Einfluß der Immigranten auf Jamaikas Küche kann gar nicht genug betont werden. Da die englischen Kolonialherren bereits in Indien eine Vorliebe für Currygerichte entwickelt hatten, waren die kulinarischen Beiträge der Inder zur Küche Jamaikas überaus willkommen. Indische Einwanderer brachten Rezepte für duftendes Currypulver mit und zauberten damit die köstlichsten Fisch- und Fleischgerichte. Da Lammfleisch auf der Insel kaum zu bekommen war, suchten sie nach einer Alternative, und so entstand das beliebte Ziegencurry.

Die Chinesen und in geringerem Maße die Syrer und Libanesen trugen ebenfalls zur Vielfalt der jamaikanischen Kultur und Küche bei. Der sehr alten jüdischen Gemeinde der Insel schlossen sich im Lauf der Zeit arabische Händler aus Palästina an.

All diese Einwanderergruppen bereiteten traditionelle Gerichte aus ihrer Heimat zu. Und so gehören Ziegencurry und Schweinefleisch süßsauer heute zu den typischen jamaikanischen Gerichten.

Die Eßgewohnheiten auf der Insel reichen bis in die Tage britischer Herrschaft zurück. Während des 18. Jh. waren die Mahlzeiten auf den Plantagen für die Bewohner der Herrenhäuser reichhaltig. Der Tag begann mit einer Tasse Kaffee, Schokolade oder dem Aufguß eines einheimischen Krautes. Alle Getränke wurden „Tee" genannt. Frühstück wurde etwas später am Vormittag serviert, ein „zweites Frühstück" Mittags gereicht, und Dinner nahm man am späten Nachmittag oder Abend ein.

Heute variiert das jamaikanische Frühstück je nach Wohnort erheblich. Bauern, die früh aufstehen, um ihre Felder zu bestellen, beginnen den Tag mit einer Tasse „Tee". Später gibt es ein solides Frühstück aus *Callaloo* und Stockfisch (gesalzenem Kabeljau), Akee und Stockfisch mit Yams, gerösteter Brotfrucht, Teigwaren oder grünen Bananen.

Kochbananen, die wie die Bananen von den Spaniern auf die Insel gebracht wurden, werden auf vielerlei Art zubereitet: grün oder reif, salzig oder süß, gebraten, gebakken oder gekocht. Die gefüllte Kochbanane (siehe Foto) ist eine der besten Varianten.

Dieses Gericht kombiniert zwei karibische Spezialitäten: Ananas und Schweinefleisch.

Mittags ißt man sowohl auf dem Land als auch in der Stadt gerne gekochte Bohnen (von den Jamaikanern „Erbsen" genannt), Ziegencurry, Ochsenschwanz, marinierten Fisch, gebratenen Fisch, der in einer braunen Soße mit Chilis und Gewürzen geschmort wird, oder einfach nur gegrillten Fisch. Zu diesen Gerichten werden meist Reis, Yams, grüne Bananen oder andere stärkehaltige Speisen serviert. Manchmal gibt es auch einen sättigenden Suppeneintopf mit Fleisch, Gemüsen, Yams, Taro und Klößen. Zum Abendessen kommen Rindfleisch, Jerk, Ochsenschwanz und Bohnen, Fisch oder Geflügel auf den Tisch.

Die wichtigste Mahlzeit in jedem jamaikanischen Haushalt ist das Abendessen am Sonntag, das es meist schon am Nachmittag gibt, und zwar nach einem größeren Sonntagsfrühstück aus Akee und Stockfisch oder Leber und Zwiebeln mit Johnnycakes, grünen Bananen, *Bammie* (ein flaches Maniokbrot) und Obst.

Zum Abendessen (manchmal auch spätes Mittagessen genannt) genießt die Familie zusammen mit Freunden eine gute Mahlzeit. Reis und Bohnen gehören zu jedem Sonntagsessen, und meist werden zwei Fleischsorten serviert, z.B. Hühnerfrikassee und pikanter Rinderbraten. Gebratene Kochbananen, Fadenbohnen, Karotten oder Salat sind häufige Beilagen, und den Abschluß bildet eine Süßspeise, ein Kuchen oder Obstsalat. Dazu trinkt man alkoholfreie Getränke, Limonaden, Kokoswasser, Bier, Rum oder Rumpunsch.

Weihnachten ist der wichtigste Feiertag auf Jamaika. Dies geht auf die Tage der Sklaverei zurück, als es vier Feiertage gab: Weihnachten, Ostern, Erntedankfest und Yams-Fest. Das Yams-Fest existiert heute nicht mehr, aber die drei anderen Feiertage werden immer noch ausgiebig gefeiert.

Während des 18. und 19. Jh. bestand Weihnachten aus drei nicht aufeinander folgenden Tagen: Weihnachtsabend, Zweiter Weihnachtsfeiertag und Neujahrstag. In diesem Zeitraum veränderte sich das Verhältnis zwischen Herren und Sklaven vorübergehend: Die Sklaven gaben sich die Namen bekannter Weißer und kleideten sich festlich. Die Weihnachtsfeiern begannen früh am Morgen, als ein Chor der Sklaven das Herrenhaus aufsuchte. Danach erhielten die Sklaven Sonderrationen an gepökeltem Fleisch für die drei Feiertage.

Die große Attraktion am Zweiten Weihnachtsfeiertag war der John Canoe Dance – der langsam in Vergessenheit gerät – und am Neujahrstag die große Parade der Blue and Red Set Girls. Anläßlich dieser Parade gab es diverse Bälle, denen jeweils ein Königspaar vorstand.

Heute ist für die meisten Jamaikaner Weihnachten mit dem Gedanken an kühle Tage verbunden, an denen man einkauft, sich mit Freunden trifft und viel ißt und trinkt. Es ist Saison für die Rosella-Pflanze, die für das traditionelle rote Weihnachtsgetränk verwendet wird, und für frische Bohnen *(Pigeon Peas)*, die zu Weihnachtsreis serviert werden. Ohne den üppigen Plumpudding aus getrockneten Früchten, die wochenlang in Rum und Portwein eingeweicht wurden, ist ein Weihnachtsessen nicht vorstellbar. Der Pudding wird meist mit einer Brandysoße serviert.

Ostern kündigt nach den kühleren Monaten den Sommer an. Die strenggläubigen Katholiken halten sich an die Fastenzeit, und obwohl die Mehrheit der Bevölkerung Jamaikas nicht katholisch ist, wird in der Fastenzeit mehr Fisch als zu jeder anderen Jahreszeit gegessen.

Eine jamaikanische Oster-Spezialität ist süßes Gebäck aller Art, das in großen Mengen und häufig auch als Imbiß mit einem Stück Käse verzehrt wird. Früher bemühte sich jeder Bäcker darum, das beste Gebäck herzustellen, heute werden jedoch die meisten süßen Teilchen von Großbäckereien produziert und schmecken nicht mehr so gut wie früher.

Hochzeiten auf Jamaika sind heutzutage meist im amerikanischen Stil ausgerichtet. Früher waren sie interessanter, denn sie wurden vom ganzen Dorf groß gefeiert. Voraus gingen viele Nächte der Vorbereitung. In der Nacht vor der Hochzeit wurde ein Festmahl für den Bräutigam gegeben, das aus Ziegenbockcurry und manchmal *Dip and Fall Back* (Stockfisch in Kokosnußmilch gekocht und mit viel Rum serviert) bestand. Angeblich wurden die Ziegenbockhoden geröstet und dem Bräutigam gereicht. Heute bekommt der Bräutigam in der Nacht vor der Hochzeit *Mannish Water*, einen Eintopf aus Ziegeninnereien und Ziegenkopf, der der Potenz förderlich sein soll.

Am Tag vor der Hochzeit brachte eine Prozession von jungen, in Weiß gekleideten Mädchen Hochzeitskuchen, die sie auf den Köpfen trugen, in das Haus der Braut. Diese Kuchen waren pyramidenförmig zusammengesetzt und jeweils mit einem weißen Schleier bedeckt. Dieser malerische Brauch ist beinahe ausgestorben, da heute Autos den Transport übernehmen.

Das Hochzeitsessen unterschied sich von Dorf zu Dorf, bestand aber meist aus einer üppigen Mahlzeit mit gebratenem Schweinefleisch, Ziegencurry und diversen traditionellen Beilagen. Am Sonntag nach der Hochzeitsfeier besuchte das Paar mit seinen Hochzeitsgästen die Messe.

Diese Traditionen verblassen immer mehr, aber die Erinnerung an die Vergangenheit ist auf Jamaika stets lebendig.

Jerk – eine würzige Delikatesse

Jamaikas feuriges Fleischgericht findet in der ganzen Welt immer mehr Anhänger

Jerk-Fleisch ist heute auf der ganzen Welt beliebt und verkörpert einen Teil der Geschichte Jamaikas. Von M.G. Lewis (1834) bis zu Zora Neale Hurston (1939) berichten Chronisten der westindischen Inseln von ihren Begegnungen mit den Maroons, die ihnen ihre Lieblingsspeise anboten: Schweinefleisch mit einer würzigen Chilikruste, das langsam geräuchert wird – Jerk genannt. Die Maroons, entflohene Sklaven, die im Dschungel im Inneren Jamaikas lebten, entwickelten viele Überlebenstechniken. Sie erlegten z.B. Wildschweine, die sie mit einer schmackhaften Würzpaste einrieben und dann über Holzfeuer grillten.

Ein Koch serviert Jerk-Fleisch in Faith's Pen, einer Ansammlung von Imbißbuden entlang der Straße, die von Ocho Rios nach Kingston führt.

Lewis berichtet anschaulich von einem Essen bei den Maroons, bei dem es Schildkröte und gegrilltes Schweinefleisch gab: „Zwei der besten und üppigsten Gerichte, die ich je probierte; besonders letzteres, das auf Maroon-Art gewürzt war und auf einen Grill gelegt wurde, durch dessen Zwischenräume der Rauch aufsteigen konnte und das Aroma von Gewürzen und Chilis verbreitete. Das Fleisch wurde in Kochbananenblätter eingewickelt und in eine Mulde mit heißen Steinen gelegt, wodurch es garte, ohne daß ein Tropfen des Fleischsaftes verdampfte."

Noch spannender ist ein Jahrhundert später Hurstons Beschreibung einer Jagdexpedition mit den Maroons. Die Anthropologin beschreibt ausführlich und ganz und gar nicht wissenschaftlich den unvergeßlichen Geschmack des Jerk-Schweinefleisches.

„Alle Knochen wurden entfernt, das Fleisch gewürzt und über dem Feuer getrocknet. Gegen Morgen aßen wir unseren Anteil an Jerk-Schweinefleisch. Es schmeckt viel besser als unser amerikanisches Grillfleisch. Man kann sich kaum etwas Köstlicheres als dieses Schweinefleisch vorstellen."

Diese Maroon-Zubereitungsmethode von Schweinefleisch ist inzwischen auf ganz Jamaika verbreitet. Es gibt nun fertige Würzmischungen, in Flaschen abgefüllte Marinaden, und das Wort „Jerk" ist in aller Munde.

Die Herkunft des Wortes ist – wie so oft auf Jamaika – etwas geheimnisvoll. Die meisten Jamaikaner erklären, daß sich das Wort auf die ruckhafte Bewegung bezieht, die beim Wenden des Fleisches, dem Schüren der Kohlen und dem Abschneiden eines Stück Fleisches entsteht. Doch es gibt auch eine etwas fundiertere Erklärung.

„Jerk", schreibt F. G. Cassidy (der 1961 das *Dictonary of Jamaican English* in London veröffentlichte) „ist die englische Form eines spanischen Wortes indianischen Ursprungs." Dieser Prozeß der sprachlichen Übernahme ist in der Karibik so häufig, daß die Erklärung überzeugend klingt. Cassidy erklärt, daß das ursprünglich indianische Wort die Zubereitung von Schweinefleisch nach Art der Quechua-Indianer Südamerikas bezeichnete. Die Maroons haben die Zubereitungsmethode dann vervollkommnet. Es gibt auch einen eindeutigen Bezug zu dem holländischen Wort *gherken*, was einlegen oder marinieren bedeutet.

Bis vor kurzem war Jerk auf Schweinefleisch beschränkt. Heute bieten Imbißbuden und Jerk Centers Hühnchen, Fisch, Garnelen und sogar Hummer auf diese Weise zubereitet an. Bis vor kurzem gab es Jerk nur in den Teilen Jamaikas mit ausgeprägten Maroon-Traditionen, also im Landesinneren, dem Cockpit Country, und in einem kleinen Teil Portlands an der nordöstlichen Küste bei Boston Bay. Heute wird Jerk überall angeboten, und das unwiderstehliche Aroma, das Lewis und Hurston beeindruckte, erfüllt allerorten die Luft.

An diesem Jerk-Stand in Port Antonio in der Nähe von Boston Bay, dem Jerk-Mekka, wird Hühnchen über Holzkohlen mit Pimentzweigen gegrillt. Oft werden einfach alte Öltonnen zu Feuerstellen umfunktioniert, über die man einen Grill legt.

Das beste Jerk bekommt man noch immer in Boston Bay, etwas abseits der Touristenroute. Es wird meist in einfachen strohgedeckten Hütten über schwelenden Feuern zubereitet. Als Bratpfannen dienen oft Wellblechplatten. Das Fleisch wird in Kochbananenblätter gewickelt und auf diesen Blechen gegart.

Die Jerk-Verkäufer haben oft eigenwillige Spitznamen und bieten ihr Fleisch im typischen Singsang Jamaikas an. Sie führen aus, warum gerade ihr Jerk das beste der Insel sei. Sollten Sie ihnen nicht glauben, wird etwas von ihrer Jerkpaste zum Probieren angeboten. Seien Sie gewarnt, die Schärfe der Scotch-Bonnet-Chilischoten ist unbeschreiblich. Man wird Ihnen dann hocherfreut ein Red Stripe Bier verkaufen, damit sich die brennenden Geschmacksnerven wieder beruhigen.

Hochprozentiges Jamaika

*Das überraschende Nebenprodukt der Zuckerproduktion
entwickelte sich zu einer eigenen Industrie*

Rum, das wilde Feuerwasser der Sklaven und Piraten, ist das Feuer Jamaikas. Die industrielle Produktion von Rum ist für Jamaika bedeutender als die Zuckerproduktion.

Niemand kann genau sagen, wie Rum zu seinem Namen kam, aber es könnte sich um eine Kurzform des botanischen Namens des Zuckers, *Sac charum officinarum,* handeln. Einer anderen Erklärung zufolge leitet sich das Wort aus den alten englischen Begriffen für Aufstand oder Krawall, *rumbustion* oder *rumbullion,* ab.

Beim Prozeß des Raffinierens von Zucker aus rohem Zuckerrohr entsteht ein Nebenprodukt aus Säften und Melasse. In der Glanzzeit der Zuckerproduktion wurde dieses Nebenprodukt manchmal den Sklaven oder dem Vieh gegeben oder auch weggeworfen. Schließlich bemerkte jemand, daß eine chemische Veränderung in diesem Nebenprodukt stattfand. Die Hitze und natürlichen Hefepilzsporen in der Luft der Insel verursachten eine spontane Fermentation. Einer jamaikanischen Legende zufolge soll ein sehr durstiger Sklave einen Schöpflöffel voll aus dem Abfallbottich getrunken haben – er war danach viel glücklicher als zuvor. Bald errichteten die Plantagenbesitzer Destillerien neben ihren Zuckerraffinerien.

Als im 19. Jh. aufgrund der Befreiung der Skla-ven die Zuckerherstellung nicht mehr rentabel war, warf Rum noch immer hohe Gewinne ab und wurde überall auf der Insel hergestellt. 1893 gab es auf Jamaika 148 Destillerien. Heute werden 20 Millionen Liter pro Jahr produziert. Einige der besten Sorten sind Appleton, Gold Label und Myers.

Die Rumproduktion besteht aus drei Arbeits-vorgängen: Fermentation, Destillation und Reifung. Wasser und Hefe werden zur Melasse gegeben, die dann fermentiert. Bei der Destillation entsteht eine farblose Flüssigkeit.

Früher wurde Rum drei bis 20 Jahre lang in Eichenfässern gelagert, je nach Art des Rums und dem gewünschten Bukett. Wurde er in Eichenfässern gelagert, war seine Farbe helles Bernstein; Karamel wurde dazugegeben, um den Rum dunkler zu färben. Heute haben rostfreie Bottiche die Eichenfässer abgelöst, und der Alterungsprozeß wird auf ein bis drei Jahre verkürzt. 20 Jahre alter Rum ist eine Rarität und wird auf Jamaika genauso geschätzt wie in Frankreich ein guter Cognac.

Auf Jamaika wird Rum häufig aus medizinischen Gründen eingenommen. Die Inselbewohner verwenden ihn z.B. zum Einreiben bei Fieber und zur Vorbeugung von Husten. Auch bei verschiedenen Ritualen wird er eingesetzt, etwa um den bösen Blick abzuwehren.

Blue-Mountain-Kaffee

Jamaikas Kaffee ist weltweit führend in Preis und Qualität

„Blue-Mountain-Kaffee, der köstlichste Kaffee der Welt…" Diese Worte stammen nicht von einem Verteter der jamaikanischen Kaffeeindustrie, sondern von Geheimagent James Bond.

Bond-Autor Ian Fleming, der die meiste Zeit des Jahres im Haus *Goldeneye* außerhalb von Ocho Rios verbrachte, entwickelte bereits eine Vorliebe für Blue-Mountain-Kaffee, als dieser noch nicht der teuerste Kaffee der Welt war. Bonds Behauptung mutet Kaffeekennern etwas übertrieben an, ist aber letztlich eine Frage des Geschmacks. Das leichte, beinahe teeartige Aroma unterscheidet ihn von den herzhafteren und vollmundigeren Sorten Kenias oder Tansanias.

Jamaika ist nicht das Ursprungslands des Kaffees, auch wenn die Insulaner dies gerne glauben würden. Louis XV. sandte 1723 drei Kaffeepflanzen nach Martinique. Fünf Jahre später brachte der Gouverneur Sir Nicholas Lawes Setzlinge aus Martinique mit und pflanzte sie in der Nähe von Kingston. Die Regierung förderte den Kaffeeanbau, in der Hoffnung, sich etwas von der wirtschaftlichen Abhängigkeit vom Zucker zu befreien. Die Kaffeeindustrie wuchs nur langsam, und 1951 zerstörte ein Hurrikan die meisten Kaffeesträucher. Glücklicherweise besaß ein gewisser Victor Munn noch 5 Morgen Kaffeefelder in Mavis Bank in den Blue Mountains. Er errichtete eine kleine Kaffeerösterei, um seine Kaffeebohnen und die der wenigen noch bestehenden Kaffeeplantagen zu verarbeiten.

Die Regierung Jamaikas hat inzwischen den Kaffeeanbau limitiert und auch Einschränkungen für Kaffee, der unter dem Namen Blue Mountain verkauft wird, eingeführt. Nur eine winzige Anbaufläche zwischen Kingston und Port Antonio weist den ständigen kühlen Nebel und die durchlässige vulkanische Erde auf, die die besten Bohnen gedeihen läßt. Von Jamaikas 28000 Morgen Kaffeeanbaugebiet befinden sich nur 9000 innerhalb der offiziellen Blue-Mountain-Region. Dort, oberhalb von 600 m, lassen die Kaffeepflanzer die Samen der *arabica*-Sorte ein bis zwei Jahre lang keimen und schneiden dann eine der beiden Wurzeln der jungen Pflanze ab, be-

Diese Kaffeebohnen sind vorzeitig abgeerntet worden, damit die an der Kaffeepflanze verbleibenden Bohnen gut reifen können.

vor diese eingepflanzt wird. Fünf lange Jahre vergehen, bevor das erste Mal geerntet werden kann, aber Blue-Mountain-Kaffee lohnt diese Wartezeit und rechtfertigt seinen hohen Preis.

Die Ernte selbst ist langwierig und arbeitsintensiv. Man erntet mit der Hand – sobald die Bohnen rot und ausgereift sind, pflückt man sie einzeln. Dann werden sie von Männern oder Mulis den Berg hinunter getragen und in kleinen Kaffeestationen verarbeitet: Die Bohnen werden sortiert und das äußere Fruchtfleisch entfernt, dann werden sie getrocknet, geschält und geröstet.

Mitte des 19. Jh. verfolgte Großbritannien eine Handelspolitik, durch die die Kaffeepflanzer Jamaikas ihren geschützten Status verloren. Kleinere Kaffeepflanzer wurden beinahe ruiniert, da sie nun mit den Kaffeeplantagenbesitzern Südamerikas konkurrieren mußten.

Bis zum Jahre 1973 war der Kaffeemarkt wieder so angewachsen, daß die Regierung erneut regulierend eingreifen mußte. Fast jeder Kaffee, der auf Jamaika angebaut, verarbeitet oder zwischengelagert wurde, erhielt die Bezeichnung des teuren Blue-Mountain-Kaffees. Daher erließ die Regierung ein Dekret, daß nur Kaffee aus einer bestimmten Region, der in einer der vier Plantagen (Mavis Bank, Silver Hill, Moy Hall und der Regierungsstation bei Wallenford) verarbeitet wurde, als echter Blue-Mountain-Kaffee bezeichnet werden durfte. Die anderen Kaffeesorten Jamaikas wurden z.B. als Blue-Mountain-Mischung (20% Anteil an teuren Boh-

nen), High Mountain Blend oder Lowland Coffee bezeichnet.

Japanische Investoren kauften in den frühen achtziger Jahren große Parzellen des Kaffeeanbaulandes auf Jamaika. Dadurch gelangte viel Kapital in diesen Industriezweig. Dies führte aber auch dazu, daß ein Großteil von Jamaikas Kaffee direkt nach Japan exportiert wird, wo eine aufgebrühte Tasse Kaffee, die zu 99 Prozent aus Wasser besteht, 15 US-$ kostet!

Die Beherrschung des Marktes durch die Japaner hat zum hohen Preis und dem sagenhaften Ruf des Blue-Mountain-Kaffees geführt. Das Prinzip von Nachfrage und Angebot ließ den Preis in den letzten Jahren auf über 40 US-$ und manchmal bis zu 60 US-$ pro Pfund ansteigen. Die Pflanzer in den Blue Mountains haben Glück, daß viele Kaffeetrinker nichts anderes als Blue-Mountain-Kaffee in ihrer Tasse haben möchten.

Links:
Ein Arbeiter beim Pflücken von Kaffeebohnen in den Blue Mountains.
Linke Seite:
Kaffee von der Mavis Bank Central Factory, einer altmodischen Kaffeerösterei, die einen phantastischen Blick auf das Gebirge bietet. Mavis Bank ist eine der vier Röstereien, die den Blue-Mountain-Kaffee produzieren.

Jamaikanischer Restaurantbummel

*Wo man die besten jamaikanischen
Gerichte bekommt*

In den letzten Jahren wurden einige Gerichte wie Reis und Bohnen, Akee und Stockfisch und würziges Jerk-Schweinefleisch als besonders typisch für Jamaika angepriesen.

Geht man aber mit offenen Augen und mit Appetit durch Jamaika, findet man auch heute noch vielfältige kulinarische Genüsse. In den größeren Städten (und selbstverständlich in den mondänen Badeorten) mag es schwieriger sein, mehr als nur die moderne Touristenküche zu finden. Wer das echte Jamaika genießen will, muß ein wenig von den ausgetretenen Pfaden abweichen.

Dafür wird man dann mit Gerichten wie Jerk-Schweinefleisch am Boston Beach in der Nähe von Port Antonio, Mannish Water, in einem Blechtopf in irgendeinem Hinterhof gekocht, den scharfen Gerichten von Ugly Man's Pepper Farm und *Peanut Root Tonic* belohnt.

Wir beginnen unsere kulinarische Rundreise in Montego Bay und seiner Umgebung. In einem Vorort von MoBay (Montego Bay für den Uneingeweih-

ten) befindet sich das am Meer gelegene, romantische Lokal von Norma Shirley, in dem ständig geschäftiger Betrieb herrscht. Wenn Sie karibische Küche und authentische jamaikanische Gerichte suchen, sollten Sie bei **Norma at the Wharfhouse** (kurz: **Norma's**) einkehren.

Östlich davon, zwischen MoBay und Ocho Rios, liegen die Badeorte der Nordküste. Die besten Restaurants bieten *all-you-can-eat*, was bedeutet, daß man sich den Bauch vollschlagen kann. Die Speisen in diesen Lokalen (besonders **Half Moon Bay, Sans Souci** und **Ciboney**) sind sehr vielfältig. Das Buffet bietet geräucherten Merlan, Akee und Stockfisch oder Reis und Bohnen. Die Lokale befinden sich auch nur wenige Schritte vom Meer entfernt.

Das **Sans Souci** ist im Lauf der letzten Jahre sehr elegant geworden; die Gerichte sind eine Kombination jamaikanischer und amerikanischer Speisen. Im **Ciboney** ist man etwas traditioneller, der Koch experimentiert mit frischen lokalen Zutaten. Und wenn Sie Noel Cowards Lokal **Firefly** hoch oben im

Gebirge besuchen, können Sie gute einheimische Kost genießen und dabei einen atemberaubenden Blick auf die darunterliegende Küste werfen.

In Port Antonio, Errol Flynns alter Heimat und der Geburtsstätte des Tourismus auf Jamaika, kann man die *I-tal*-Küche, die vegetarische Kost der Rastafaris, probieren. Etwa Frühstück im **Town Talk** (gekochte grüne Bananen, *Callaloo* und Gebäck mit Brotfrüchten) oder Mittagessen im **Sister Fire's Garden of Eating** am Fairy Hill Beach (Scotch-Bonnet-Chilis verleihen hier den Gemüsen höllische Schärfe).

Wenn man über die Blue Mountains fährt, kann man in **Mavis Bank** eine Tasse Blue-Mountain-Kaffee trinken und im **World's End** Dr. Ian Sangsters hervorragende Rumliköre genießen.

Die berühmtesten Lokale auf dem Weg über das Gebirge gibt es in einem exotischen kleinen Ort namens Faiths Pen. Ungefähr auf halbem Weg zwischen Ocho Rios und Kingston gibt es hier Fast-food, wie es nur wenige kennen. Bude neben Bude mit Namen wie **Johnny Cool Number 1**, **Sparrow's One Stop** und **Shortie's Place**. Alles was man in einer rauchgefüllten, ehemaligen Öltonne auf Jerk-Art zubereiten kann, wird hier serviert. Dazu gibt es phantastischen Mais mit einer dicken Kruste aus zerstoßenen Scotch-Bonnet-Chilischoten.

Strawberry Hill in den Blue Mountains praktiziert einen kreativen Umgang mit traditionellen Speisen und zaubert köstliche Gerichte mit Curry und frischen tropischen Früchten. In Kingston gibt es ebenfalls einige schöne Restaurants, angeführt vom Restaurant des **Terra Nova Hotel**. Nachdem man einige Zeit in Kingston verbracht hat

Die farbenfrohen Bilder auf den Tischen von Jake's Village machen Appetit. Die Tische wurden von der jamaikanischen Künstlerin Ritula Frankel bemalt.

und auf dem Constant Spring Market bei **Mother's** Gemüseküchlein und im **The Fish Place** gebratenen Fisch probiert hat, ist es an der Zeit, an die nicht so stark frequentierte Südküste Jamaikas zu fahren.

Hier bekommt man in der Nähe des Black River Süßwasser- und Meeresspezialitäten der Insel; gute Küche gibt es z.B. im unkonventionellen **Jake's.**

Es lohnt sich auch, bei den *fish ladies* im Old Harbour Fisch zu probieren, Bammies (dicke Pfannkuchen aus geriebenem Maniok) bei Joy Manson im **Pickapeppa** zu kosten und Akee-Fabriken in der Nähe von Mandeville zu besichtigen. Mittags empfiehlt sich noch ein Ziegencurry an den Buden der **Spur Tree Hill Road**. Versäumen Sie nicht, bei **Parotee Point**, an der Straße zurück nach Black River, Mannish Water zu probieren.

In dem winzigen Ort Middle Quarters sollte man die orangeroten Chiligarnelen kosten, die am Straßenrand in Plastiktüten verpackt angeboten werden. Die Garnelen werden mit vielen Scotch-Bonnet-Chilischoten in Salzlake gekocht.

Ein letzter Abstecher, bevor es wieder nach Norden in Richtung Montego Bay geht, ist das Fischerdorf Negril, das sich inzwischen zu einem Künstlerparadies entwickelt hat. Das beste Lokal ist das **Grand Lido.**

In und um Negril herum kann man beinahe alles, was typisch für Jamaika ist, kosten. Wegen der vielen jungen Leute, die Negrils Nachtleben in Lokalen wie **Cheap Eats**, **De Buss** und **Alfred's Ocean Palace** genießen, ist Hamburger hier das „Nationalgericht". Aber dank Jamaikas multikultureller Prägung werden einige Hamburger zumindest mit einem herrlichen Mango-Chutney serviert.

Fiona M.Godfrey

Teil II: Die jamaikanische Küche

Küchenutensilien

Es gibt Küchen auf Jamaika, die so altertümlich eingerichtet sind, daß sie wie eine historische Küche aus einem Museum wirken, und andere, die so modern sind, daß sie sich genauso gut in einer Wohnung in den USA oder in Europa befinden könnten. Die Durchschnittsküche liegt irgendwo zwischen diesen beiden Extremen. Die meisten Jamaikaner bereiten ihre Mahlzeiten mit alten und neuen Küchenutensilien zu, wobei der Grad der Modernisierung meist vom Einkommen abhängt.

Wenn man die Herrenhäuser der Plantagen besucht, kann man oft sehr alte Utensilien der jamaikanischen Küche besichtigen. Manche Köche benutzen noch immer den afrikanischen **Yabba**, einen irdenen Topf, der sich wunderbar zum langsamen Köcheln eignet, einen **Calabash** (Kalebasse), einen als Behälter dienenden Kürbis, und den **Kreng Kreng**, einen Korb, in dem Fleisch oder Fisch über einem offenen Feuer geräuchert wird. In manchen Gegenden werden noch immer riesige hölzerne Mörser zum Zerstoßen von Mais, Kochbananen oder Yams verwendet, auch wenn modernere Hilfsmittel zur Verfügung stehen.

Für die Zubereitung jamaikanischer Rezepte benötigt man lediglich einige Geräte und Gefäße, die in jeder Küche zu finden sind.

Mit Hilfe einiger Utensilien läßt sich die Zubereitungszeit verkürzen. Praktisch ist ein einfacher **Mörser** und **Stößel**, wenn auch nicht für größere Arbeiten wie das Zerstoßen von Mais, sondern für Gewürze und dergleichen. Ein **elektrischer Mixer** oder **Pürierstab** ist ebenfalls sehr nützlich. Manche Köche verwenden gerne einen elektrischen **Reiskocher**, der viel Zeit einsparen kann.

Die beiden wichtigsten Utensilien einer jamaikanischen Küche sind eine schwere, meist **gußeiserne Pfanne** für die vielen Gerichte, die gebraten werden, und ein **großer Topf** oder **Kessel** für alle Speisen, die langsam gegart werden.

Für gegrilltes oder Jerk-Fleisch benötigt man keine verbeulte Öltonne, wie sie auf Jamaika verwendet wird, sondern einen ganz normalen **Gas-** oder **Elektrogrill** und eine kleine **Räucherkammer**.

Ferner sollte der Koch einen **Pfannenwender** und einen **Schaumlöffel** zur Hand haben.

Links:
Diese irdenen Yabba-Töpfe werden noch immer in manchen traditionellen Küchen Jamaikas verwendet.
Unten:
Dieser jamaikanische Krug wurde zur Aufbewahrung und zum Transport von Wasser verwendet.

Kochmethoden

*Einige Grundmethoden für die Zubereitung
authentischer Gerichte*

W ie die Sklaven im Süden Nordamerikas kannten die Sklaven und freien Afrikaner auf Jamaika nur einfachste Mahlzeiten. Mangelnde Qualität und Frische wurden durch die traditionelle Kochmethode der Armen wettgemacht: das langsame Garen, wodurch auch billiges Fleisch schmackhaft wurde.

Abwechslung erreichte man mit Gewürzen, die von den Franzosen und Spaniern und dann von den Indern und Chinesen eingeführt wurden. Auch aus einfachsten Zutaten konnten durch die Beigabe von Gewürzen leckere Mahlzeiten zubereitet werden.

Gebratenes und Fritiertes ist auf Jamaika sehr beliebt. Von *Escoveitched Fish* (gebraten und dann mariniert) bis zu Dutzenden von fritierten Gerichten mit Meeresschnecken, Stockfisch oder Bohnen – die Jamaikaner lieben knusprige, gut gewürzte Speisen. Gesundheitlichen Bedenken gegenüber Gebratenem und Fritiertem setzen die Jamaikaner entgegen, daß mäßiger Genuß und die richtige Temperatur die absorbierte Ölmenge verringern und die Fett- und Cholesterinaufnahme dadurch beachtlich gesenkt werden.

Die zweite wichtige Zubereitungsart ist das

langsame Kochen. Allmähliches Garen läßt zähes Fleisch zart werden und macht Speisen aromatisch. Die Ansicht, daß etwas Fleisch Gemüsen viel Geschmack verleiht, findet sich durch viele köstliche jamaikanische Gerichte bestätigt.

Es mag überraschen, daß viele scharfe oder herzhafte Suppen Jamaikas wie andere langsam gegarte Gerichte zubereitet werden, nur mit etwas mehr Wasser oder Brühe. Seitdem es auf der Karibikinsel ausgebildete Köche gibt, gehört die sorgsame Zubereitung von Brühen immer mehr zum Repertoire der jamaikanischen Küche. Früher hat der Koch oder die Köchin einfach alle Zutaten in einen großen Kessel gegeben, sie mit Wasser bedeckt und köcheln lassen.

Andere beliebte Kochtechniken sind das Sieden (z.B. Kochbananen und Yams) und Backen (z.B. Bananen und Brotfrüchte). Es wird auch viel gegrillt. Fleisch und Gemüse erhalten oft durch Marinieren und Füllen oder Einreiben mit aromatischen Gewürzen zusätzlichen Geschmack.

Oben: Schwarze Eisentöpfe wurden zum langsamen Köcheln verwendet. Sie wurden im späten 18. Jh. in Großbritannien hergestellt und in die Kolonien exportiert.
Rechts*: Hölzerner Mörser und Stößel. In der jamaikanischen Küche wurden sie zum Zerstoßen von Kaffee, Gewürzen und sogar von Brotfrüchten verwendet.*

Jamaikanische Zutaten

*Ein Überblick über ungewöhnliche Lebensmittel
der Küche Jamaikas*

AKEE: Auf einigen Inseln wird Akee als Zierbaum angepflanzt, nur auf Jamaika ißt man dessen Früchte. Die hellrote Akeefrucht platzt auf, sobald sie reif ist und hat große schwarze Kerne und hellgelbes Fruchtfleisch. Man ißt sie auf Jamaika gerne zum Frühstück. Der lateinische Name, *Blighia sapida*, geht auf Kapitän Bligh zurück, der die Pflanze von Westafrika nach Jamaika brachte. Solange die Akee noch nicht die volle Reife erlangt hat, ist sie giftig und wird deshalb in manchen Ländern nur schwer zu bekommen sein. Öffnen Sie niemals eine Akeefrucht – sie öffnet sich von selbst, wenn sie nicht mehr giftig ist. Akee gibt es in Karibik-Läden in Dosen zu kaufen.

ANNATTO: Dieses leicht nach Moschus schmeckende, rötlich gelbe Gewürz wird aus den gemahlenen Samen eines kleinen Baumes gewonnen und ist auf den westindischen Inseln und in den Tropen Südamerikas beheimatet. Jamaikaner bewahren ihre Annattosamen in Öl auf, wobei das Öl eine herrliche Farbe annimmt. Als Ersatz eignet sich Safran oder Kurkuma.

BLAUER MERLAN ODER FÄCHERFISCH: Jamaikaner bekommen den Merlan aus den nahegelegenen Gewässern des Golfstroms. Der Fisch wird nicht nur frisch verzehrt, sondern auch geräuchert, wodurch er ein mildes, lachsähnliches Aroma annimmt. In dünne Scheiben geschnitten, schmeckt er besonders gut.

BOHNEN: Die Jamaikaner nennen fast alle Bohnen „Erbsen". Kidneybohnen sind am beliebtesten. Mungbohnen ißt man ebenfalls sehr gerne, wie auch alle anderen Bohnensorten. Auf Jamaika sind sie Hauptlieferant für Protein. Kleinere Bohnen werden für Reis mit Bohnen verwendet, während man die größeren oft zu herzhaften Eintöpfen gibt oder als Beilage reicht.

BROTFRUCHT: Die Brotfrucht wurde 1793 von Kapitän Bligh aus ihrer Heimat Tahiti eingeführt. Es handelt sich um eine große grüne Frucht, die meist einen Durchmesser von ca. 25 cm aufweist und eine stachelige grüne Schale und kartoffelähnliches Fruchtfleisch hat. Brotfrüchte sind nur gekocht genießbar und

Akee

Brotfrucht

Callaloo

Cho-cho

Kokosnuß

Taro

Limonen

können stärkehaltiges Gemüse, Reis oder Nudeln ersetzen. Sie werden in der Regel geerntet und gegessen, bevor sie reif sind und meist wie Kürbis serviert: gebacken, gegrillt, gebraten, gekocht oder mit Fleisch gefüllt.

CALLALOO: Das spinatähnliche Blattgemüse wird meist wie Rüben oder Grünkohl zubereitet. Diese Callaloo-Art *(Amaranthus viridis),* auch chinesischer Spinat oder indischer Grünkohl genannt, sollte nicht mit dem Callaloo der östlichen Karibik verwechselt werden, wo die Blätter der Taro-Pflanze so genannt werden.

CHO-CHO: Diese birnenförmige, hellgrüne, aromatische tropische Kürbisfrucht ist eine Kletterpflanze, auch Chayote, Christophene und Mirliton genannt. Meist wird sie als Gemüse zubereitet, war auf Jamaika früher auch Ersatz für Äpfel in Apfelkuchenrezepten. Häufig kann man sie durch Zucchini ersetzen, das Gericht wird dann allerdings nicht ganz so intensiv schmecken.

GUAVE: Die karibischen Guaven sind kleine Früchte mit rosafarbenem Fruchtfleisch und schwarzen Kernen. Sie wachsen überall auf Jamaika und eignen sich gut für Gelees, Eingelegtes, Fruchtbecher, Soßen, Cocktails und Desserts. Guaven sind auch roh köstlich. Die grünen Früchte schmecken etwas herb, die reifen hingegen süß.

HUMMER: Auf Jamaika gibt es den karibischen Hummer. Obwohl ihn manche in der Konsistenz für nicht so gut wie den Maine-Hummer halten, gleicht sein Geschmack dies aus.

JACK: Es gibt über 200 Arten dieser farbenfrohen Meeresfische mit Namen wie Gelbschwanzmakrele oder Schwarzflossen-Jack. Er schmeckt köstlich, ist meist sehr groß und kann bis zu 68 kg wiegen. Man findet ihn in allen Gewässern der Welt. Thunfisch und Schwertfisch sind eine gute Alternative.

KARAMBOLE: Wichtige Zutat eines Desserts namens Matrimony. Die Karambole, eine runde, wohlschmeckende Frucht, etwa so groß wie eine Orange, ist auf Jamaika und den anderen Inseln der Großen Antillen beheimatet. Die Schale ist entweder glänzend violett oder unauffällig grün.

KOCHBANANEN: Dieses Gemüse erinnert an übergroße Bananen. Es ist stärkehaltiger als Bananen und sollte niemals roh gegessen werden. Reife Kochbananen sind gebraten ein köstliches tropisches Dessert.

KOKOSNUSS: Die in Malaysia beheimatete Kokospalme trägt das ganze Jahr über Früchte. Die Kokosnuß ist grün und reif genießbar. Sowohl Milch als auch „Gelee" der grünen Kokosnuß werden für Drinks verwendet, und das Fruchtfleisch der reifen Kokosnuß verleiht vielen Desserts eine karibische Note.

LIMONEN: Karibische Limonen weisen in reifem Zustand eine hellgelbe Schale auf, aber meist werden sie noch grün gepflückt, da sie reif sehr schnell verderben. Überreife Früchte enthalten sehr viel Vitamin C. Limonen sind eine wichtige Zutat für jamaikanische Soßen und Marinaden und geben vielen Gerichten, besonders Hühnchen und Fisch, einen delikaten Geschmack. Getränke, Kuchen und Eingelegtes würden ohne Limone nur halb so gut schmecken.

MANGO: Diese Frucht der Tropen stammt aus Indien. Mangos werden in der Karibik vielseitig eingesetzt. Grüne Mangos verwendet man für scharfe Soßen und Würzmittel, reife Mangos für Desserts, Süßigkeiten und Drinks. Die besten Sorten sind Bombay, East Indian, St. Julian und Hayden.

MANIOK: Ziemlich großes Wurzelgemüse, 15–30 cm lang, mit einem Durchmesser von 5–8 cm und harter brauner Schale sowie festem weißem Fleisch. Maniok wird zu Tapioka verarbeitet, das man zur Zubereitung von Bammie (S. 56) benötigt. Süßer Maniok wird gekocht und als stärkehaltiges Gemüse verzehrt. Bitterer Maniok enthält eine giftige Säure, die tödlich sein kann und daher vor dem Verzehr neutralisiert werden muß. Zu diesem Zweck kocht man die Wurzel mindestens 45 Minuten in Wasser (Wasser wegschütten). Man kann sie auch reiben, in ein

Mulltuch geben und soviel Säure wie möglich herauspressen, bevor man sie kocht.

MEERESSCHNECKEN: Diese Schnecken sind in der ganzen Karibik, auf den Bahamas und in Florida äußerst beliebt. Ihr Fleisch muß lange geklopft werden, damit es zart wird. Man gibt sie zu Suppen, Salaten oder fritiert sie einfach. Je nach Rezept kann man sich das Weichklopfen ersparen und die Schnecken im Mixer zerkleinern.

MUSKATNUSS: Jamaikanische Köche bestehen auf frisch geriebener Muskatnuß – also nur ganze Nüsse kaufen und bei Bedarf frisch reiben. Das würzige, süße Aroma der Muskatnuß paßt hervorragend zu Kuchen, Süßspeisen und verschiedenen Drinks.

PAPAYA: Manche Jamaikaner nennen diese in Südamerika beheimatete Frucht Pawpaw. Die reife Papaya ist orange, im Geschmack mild und erinnert an Sommerkürbis; sie ist eine wunderbare Ergänzung zu intensiver schmeckenden anderen Früchten. Grüne Papaya wird oft für Chutneys oder Relish benutzt und ist gefüllt auch ein gutes Hauptgericht. Reif ißt man sie wie eine Melone oder serviert sie in Obstsalaten. Papayasaft mit Kondensmilch oder Zucker gesüßt ist ein erfrischendes Getränk.

PICKAPEPPA-SOSSE: Diese Fertigsoße ist eine der wichtigsten Zutaten der Küche

Sapote

Mango

Muskatnuß

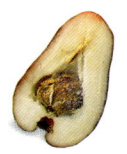

Tahiti-Apfel

Papaya

Bohnen (diverse)

Pimentbeeren

Westindischer Kürbis

Jamaikas. Die süß-saure und würzige Mischung wurde von dem Jamaikaner Norman Nash Anfang der 20er Jahre entwickelt. Sie besteht aus Tomaten, Zwiebeln, Zuckerrohressig, Mangos, Rosinen, Tamarinde, Chilischoten und geheimgehaltenen Gewürzen und wird ein Jahr lang in Eichenfässern gelagert.

PIMENT: Dieses vielseitige Gewürz schmeckt nach Muskatnuß, Zimt, schwarzem Pfeffer und Gewürznelke. Fast alle Pimentbeeren stammen aus Jamaika, das Gewürz wird ansonsten nur noch auf Kuba kultiviert. In der jamaikanischen Küche wird es für viele klassische Gerichte wie *Escoveitched Fish* oder Jerk-Schweinefleisch verwendet.

ROSELLA: Diese Pflanze brachten die Briten von Indien nach Jamaika. Die Rosella *(Hibiscus sabdariffa)*, eine Hibiskusart, blüht stets im Dezember. Die dunkelroten Blüten werden zwei bis drei Wochen lang als Garnierung verwendet, bevor man sie trocknet und in Wasser taucht, wodurch ein hellrotes, leicht säuerliches Getränk entsteht, das auf Jamaika während der Weihnachtsfeiertage sehr beliebt ist.

SAPOTE: Diese große tropische Frucht ist in der Neuen Welt beheimatet. Ihr orangefarbenes Fruchtfleisch erinnert im Geschmack an den Pfirsich. Sapotes werden oft zu Marmelade verarbeitet.

SAURE ANONE: Diese Frucht besitzt eine stachelige grüne Schale und ein duftendes Fruchtfleisch, das für Drinks und Eiscreme verwendet wird. Jamaikaner glauben, daß saure Anonen die Nerven beruhigen.

SCOTCH-BONNET-CHILISCHOTE: Die feurig scharfen Scotch-Bonnet-Chilischoten variieren in der Farbe von gelb über orange bis zu rot und gelten als die besten Chilischoten Jamaikas. Manche Schoten werden im ganzen verkauft, andere getrocknet und gemahlen oder zu Soßen (Jamaica Hell Fire) verarbeitet. Sind Scotch-Bonnet-Chilis nicht erhältlich, kann man auch jede andere Chilisorte verwenden.

SOJASOSSE (DUNKEL UND HELL): Seit dem Ende des 19. Jh. gibt es auf Jamaika Sojasoße. Sie verleiht vielen jamaikanischen Gerichten einen intensiv salzigen Geschmack. Dunkle Sojasoße schmeckt süßer und nicht so salzig wie die helle Variante und ist mit Karamel versehen. Schwarze Sojasoße wird mit Melasse gefärbt.

STINKING TOE: Eine Schote, die tatsächlich an einen menschlichen Zeh erinnert. Diese bizarre Frucht mit übelriechendem und rauhem Äußeren birgt im Inneren ein zuckriges Pulver, das roh verzehrt oder für aromatische Süßspeisen bzw. Getränke verwendet werden kann.

STOCKFISCH: Jeder Fisch kann zu Stockfisch verarbeitet werden, aber meist wird

Kabeljau verwendet. Da frischer Fisch heute relativ leicht zu bekommen ist, gerät dieser konservierte Fisch immer mehr in Vergessenheit. Akee mit Stockfisch ist jedoch ein sehr beliebtes Frühstück auf Jamaika. Wenn importierter Stockfisch nicht zu bekommen war, haben die Jamaikaner in der Vergangenheit Stockfisch aus frischem Fisch hergestellt.

SÜSSE ANONE: Diese Frucht ist etwas schwierig zu verzehren, da sich in dem süßen weißen Fruchtfleisch unzählige schwarze Kerne befinden. Die süße Anone ist in den Tropen Amerikas beheimatet.

TAHITI-APFEL: Eine weitere Frucht, die Kapitän Bligh aus dem pazifischen Raum mitbrachte. Der birnenförmige Tahiti-Apfel variiert in der Farbe von rosa bis rubinrot. Die Frucht wird meist roh gegessen, kann aber auch in Rotwein pochiert oder zu einem erfrischenden kalten Drink verarbeitet werden.

TAMARINDE: Am dekorativen Tamarindenbaum wachsen braune Schoten, die ein süßes und schmackhaftes Fruchtfleisch enthalten, das z.B. zu Getränken, Currys und Soßen (Angostura und Pickapeppa-Soße) gegeben wird. Tamarinde kommt auf Jamaika auch in der Naturheilkunde zum Einsatz.

TARO: Auch als Cocoyams und Tania bekannt. Taro ist eine stärkehaltige Knolle, die meist gekocht serviert oder als Verdickungsmittel für herzhafte Suppen verwendet wird. Als Alternative bieten sich in den meisten Fällen Kartoffeln an. Taro stammt aus den tropischen Gebieten Amerikas und wird heute auch in anderen klimatisch ähnlichen Regionen angebaut.

WESTINDISCHER KÜRBIS: Diesen Kürbis nennt man auch *Calabaza*. Sein süßer Geschmack ähnelt dem des Butterkürbisses. Das festfleischige Gemüse findet man oft in Suppen, Eintöpfen, Broten und Süßspeisen. Als Alternative bieten sich andere mildschmeckende Kürbissorten wie der Butterkürbis an.

YAMS: Die knollenförmige Yamswurzel darf nicht mit der in den USA angebauten Süßkartoffel verwechselt werden, mit der sie nicht verwandt ist. Auf Jamaika gibt es verschiedene Sorten, die sowohl gekocht wie gegrillt verzehrt werden.

ZIEGENFLEISCH: Ziegenfleisch wird nur an wenigen Orten der Welt mit Begeisterung gegessen, darunter Jamaika. Für diese Vorliebe haben die indischen Einwanderer gesorgt. Sie suchten für ihr geliebtes Curry vergeblich nach Lammfleisch und wichen dann auf Ziegenfleisch aus. So entstand eines der klassischen Rezepte der Karibik: Ziegencurry. Ist kein Ziegenfleisch erhältlich, eignet sich Lammfleisch als Ersatz.

Scotch-Bonnet-Chilischoten

Stinking Toe

saure Anone

Yams

Teil III: Die Rezepte

Grundrezepte

Hühnerbrühe 🕐🕐

1 küchenfertiges Hühnchen
2 mittelgroße Karotten, geviertelt
2 mittelgroße Zwiebeln, geviertelt
3 Selleriestangen, grob gehackt
2 Lauchstangen, grob gehackt
2 Knoblauchzehen, zerdrückt
2 Schalotten, geschält und in Scheiben
  geschnitten
5 Petersilienzweige
2 Lorbeerblätter
1 EL frisch gemahlener schwarzer Pfeffer
2 TL Salz
1 Tasse trockener Weißwein
4 Liter kaltes Wasser

Alle Zutaten in einem großen Topf aufkochen.
Schaum, der an die Oberfläche steigt, immer wieder abschöpfen. Hitze reduzieren und teilweise zugedeckt mindestens 4 Stunden köcheln lassen.
Die Brühe darf auf keinen Fall kochen. Knochen
entfernen und Brühe durch ein Sieb gießen. Soviel
Fett wie möglich abschöpfen. Ergibt etwa 2 Liter.

Rinderbrühe 🕐🕐

400 g Rinderkeule, in Stücke geschnitten
1200 g Suppenknochen vom Rind
2 mittelgroße Karotten, geviertelt
2 mittelgroße Zwiebeln, geviertelt
3 Selleriestangen, grob gehackt
2 Knoblauchzehen, zerdrückt
5 Petersilienzweige

2 Lorbeerblätter
1 EL frisch gemahlener schwarzer Pfeffer
2 TL Salz
1 Tasse trockener Weißwein
4 Liter kaltes Wasser

Alle Zutaten in einem großen Topf aufkochen.
Schaum, der an die Oberfläche steigt, immer wieder abschöpfen. Hitze reduzieren und die Brühe teilweise zugedeckt mindestens 4 Stunden köcheln
lassen. Sie darf auf keinen Fall kochen. Knochen
entfernen und Brühe durch ein Sieb gießen. Soviel
Fett wie möglich abschöpfen.

Mengenangaben

1 Tasse = 250 ml

1 Teelöffel (TL) = 5 ml

1 Eßlöffel (EL) = 15 ml

Zeitangaben

Die Zeitangaben beziehen sich auf die Vorbereitung, nicht die eigentliche Kochzeit.

🕐 Schnell und einfach zuzubereiten

🕐🕐 Relativ einfach; 15 bis 30 Minuten
  Vorbereitungszeit

🕐🕐🕐 Mehr als 30 Minuten Vorbereitungszeit

*Red-Stripe-
Hähnchen (links)
und Hähnchen
mit Soja und
Ingwer (S. 124)
im malerischen
Innenhof von
Jake's Village.*

Fischbrühe ☺ ☺

800 g Fischgräten, abgebraust
2 mittelgroße Zwiebeln, geviertelt
$\frac{1}{2}$ Lauchstange, gehackt
$\frac{1}{2}$ Bund Stangensellerie, gehackt
$\frac{1}{2}$ TL getrockneter Thymian
1 Lorbeerblatt
1 TL frisch gemahlener schwarzer Pfeffer
1 Tasse trockener Weißwein

Alle Zutaten in einen großen Topf geben, mit Wasser bedecken und aufkochen. Hitze reduzieren und etwa 1 Stunde köcheln lassen, bis die Brühe auf die Hälfte reduziert ist. Vom Herd nehmen, abschöpfen und abkühlen lassen. Brühe vor Gebrauch durch ein Sieb gießen. Ergibt etwa 1 Liter.

Currypulver ☺

4 TL gemahlener Koriander
4 TL gemahlene Gelbwurz (Kurkuma)
4 TL gemahlener Ingwer
4 TL frisch gemahlener schwarzer Pfeffer
1 TL gemahlener Kardamon
1 TL gemahlener Zimt
1 TL gemahlener Cayennepfeffer

Alle Zutaten vermischen. In einem luftdichten Gefäß aufbewahren. Ergibt etwa 6 EL.

Kokosmilch ☺ ☺

1 große reife Kokosnuß, ohne Sprünge und mit Kokoswasser
2 Tassen kochendes Wasser

Ofen auf 200°C vorheizen. Mit einem Eispickel Kokosnuß an der weichsten Stelle durchbohren, Flüssigkeit abgießen und für eine andere Verwendung aufheben (das Kokoswasser, ein erfrischendes Getränk, ist nicht mit der Kokosmilch zu verwechseln.)

Kokosnuß 15 Minuten in den Ofen legen, dann mit einem Hammer aufschlagen und mit einer Messerspitze das Fruchtfleisch aus der Schale lösen. Die braune Membran abschälen und das Kokosfleisch in kleine Stücke schneiden. Portionsweise im Mixer zerkleinern. Dann das ganze Fruchtfleisch in den Mixer geben und bei laufendem Motor kochendes Wasser hinzufügen. 1 bis 2 Minuten mixen.

Mischung mindestens 5 Minuten abkühlen lassen, dann durch ein feines Sieb, das mit einem doppelten Küchentuch ausgelegt ist, in eine Schüssel gießen. Fest ausdrücken. Kokosraspeln für eine andere Verwendung aufheben. Ergibt 2 Tassen Kokosmilch.

Festival

Dieses fritierte Maisbrot, das man am Hellshire Beach traditionell mit gebratenem Fisch serviert, wurde nach dem jährlichen Fest benannt, das am ersten August-Wochenende zur Erinnerung an Jamaikas Unabhängigkeit stattfindet. Es paßt sehr gut zu vielen Gerichten aus diesem Buch. ☺ ☺

1 Tasse Maismehl
$\frac{3}{4}$ Tasse Weizenmehl
$\frac{1}{4}$ Tasse brauner Zucker
1 TL Backpulver
$\frac{1}{2}$ TL Salz
1 Ei
Wasser
Etwa 2 Tassen Pflanzenöl zum Braten

Die trockenen Zutaten in einer mittelgroßen Schüssel vermischen. Ei leicht verquirlen und in die Mehlmischung rühren, dabei soviel Wasser hinzufügen, daß ein fester Teig entsteht. Teigstücke abreißen und zu Ovalen formen. Eine gußeiserne Pfanne mehrere Zentimeter hoch mit Öl füllen und auf 190°C erhitzen. Portionsweise einige Teigstücke vorsichtig in das heiße Öl legen und goldbraun fritieren. Dann auf Küchenpapier abtropfen lassen. Ergibt 6 Portionen.

Teigklößchen ✦✦

1 Tasse Weizenmehl
$^1/_4$ Tasse Maismehl
1 TL Zucker
1 TL Salz
$^1/_2$ TL Pfeffer
2 EL ungesalzene Butter

Trockene Zutaten in eine Schüssel sieben und die Butter mit den Händen einarbeiten, bis der Teig bröselig ist. Soviel Wasser dazugeben, daß der Teig geschmeidig wird, dann zu $2^1/_2$–5 cm großen Teigklößchen formen. In heißem Wasser etwa 15 Minuten gar kochen. Abtropfen lassen. Ergibt ca. 20 Teigklößchen.

Johnnycake ✦✦

2 Tassen Weizenmehl
1 EL Backpulver
$^1/_2$ TL Salz
1 TL Zucker
2 EL Margarine
Etwa $^1/_2$ Tasse Wasser
Pflanzenöl zum Fritieren

Mehl, Backpulver, Salz und Zucker in eine mittelgroße Schüssel sieben. Margarine in Stücken dazugeben und vermengen. Genug Wasser hinzugießen, so daß ein klebriger Teig entsteht. Teig auf einer bemehlten Fläche kneten, bis er geschmeidig ist, eventuell noch etwas Mehl hinzufügen. Aus dem Teig 5 cm große Bällchen formen. Öl in einer mittelgroßen Pfanne auf 195°C erhitzen (die Johnnycakes sollen ganz bedeckt sein). Die Bällchen portionsweise goldbraun fritieren. Herausnehmen und auf Küchenpapier abtropfen lassen. Ergibt 6 Portionen, 2 Stück pro Person.

Kuchenboden ✦✦✦

$^1/_3$ Tasse und 1 EL Butter oder Margarine
1 Tasse Weizenmehl
$^1/_2$ TL Salz
2–3 EL kaltes Wasser
500 g getrocknete Bohnen oder Erbsen zum
    Blindbacken

Mit den Händen Fett, Mehl und Salz in einer mittelgroßen Schüssel verkneten, bis ein bröseliger Teig entsteht. Etwas Wasser hinzufügen, so daß der Teig fest wird. Zu einer Kugel formen, mit Mehl bestäuben und in Plastikfolie wickeln. 30 Minuten in den Kühlschrank legen.

Teig auf einer leicht bemehlten Arbeitsfläche zu einer runden Form mit ca. 27 cm Durchmesser ausrollen. In eine flache Kuchenform mit ca. 22 cm Durchmesser legen und auch den Rand der Form mit Teig auskleiden. Mit Erbsen oder Bohnen zum Blindbacken oder mit dem gewünschten Belag füllen. Ofen auf 220°C vorheizen und den Kuchenboden etwa 15 Minuten goldbraun backen.

AKEE UND STOCKFISCH

Akee ist die Frucht eines Baumes, der ursprünglich aus Westafrika stammt. Akee und Stockfisch gilt als das „Nationalgericht" Jamaikas. Beliebt ist es als Bestandteil eines herzhaften jamaikanischen Frühstücks oder als Vorspeise zum Mittag- oder Abendessen. Stockfisch ist ein getrockneter, gesalzener Fisch, meistens Kabeljau oder Makrele. Akeefrüchte, die gekocht an Rühreier erinnern, erhält man frisch oder eingedost auf Jamaika. Teile der Akee sind giftig, solange die Frucht noch nicht ganz reif ist, daher unterliegt sie in einigen Ländern Einfuhrbeschränkungen. Wenn Sie dieses Gericht mit frischen Akees zubereiten, müssen Sie solche auswählen, die ganz geöffnet sind: Die schwarzen Kerne und das gelbe Fruchtfleisch in der scharlachroten Schote müssen deutlich sichtbar sein. ☺☺☺

Inselimbiß mit Akee und Stockfisch, Johnnycakes (S. 41) und Kochbananen-Chips (S. 48) auf einem Tisch von Margaret Rebson (im Uhrzeigersinn, von links).

400 g Stockfisch, ohne Gräten
2 Dutzend Akeefrüchte
6 Speckscheiben, aufgeschnitten
1 Chilischote, am besten Scotch-Bonnet, entkernt und in Scheiben geschnitten
2 Schalotten, gehackt
1 mittelgroße Zwiebel, gehackt
1 mittelgroße Tomate, fein gehackt
$\frac{1}{2}$ TL frisch gemahlener schwarzer Pfeffer

Stockfisch 30 Minuten in kaltem Wasser einweichen, abtropfen lassen und mit 1 Liter Wasser in einen Topf geben. Aufkochen, dann das Wasser abgießen und den Fisch mit einer Gabel in Stücke zerteilen.

Akeefrüchte aus den Schoten lösen. Kerne wegwerfen und die rosafarbenen Membranen vorsichtig mit einem scharfen Messer entfernen. Akees bedeckt in Salzwasser vorkochen, nicht aufkochen lassen, da sie breiig werden, wenn man sie zu stark kocht. Man kann sie auch in ein Küchentuch eingewickelt kochen. Topf vom Herd nehmen, Akees abtropfen lassen.

Speck in einer großen Pfanne knusprig braten, dann Hitze stark reduzieren und Chilis, Schalotten und Zwiebeln dazugeben. Anschwitzen, bis die Zwiebeln weich sind. Akees und Stockfisch, Tomaten und schwarzen Pfeffer unterrühren. Bei niedriger Hitze 5 Minuten kochen.

Mit einem Schaumlöffel Stockfischmischung auf die Teller geben. Mit gekochten oder gebratenen Kochbananen (S. 48) und Johnnycakes (S. 41) servieren. Ergibt 4 Portionen.

GEDÄMPFTER CALLALOO IN BLÄTTERTEIG

Everett Wilkerson, Grand Lido Sans Souci

Dieses Gericht ist ein Beispiel für die Kochkunst junger jamaikanischer Köche. Bei dieser Vorspeise, die an griechisches Spanakopita erinnert, werden Callaloo und Akee verwendet. ☺☺

250 g ungesalzene Butter, in Stücken
1 kleine Zwiebel, gehackt
$1/2$ TL gehackter Knoblauch
$1/2$ Chilischote, am besten Scotch-Bonnet, entkernt und gehackt
$1/4$ TL frischer oder getrockneter Thymian
400 g Callaloo-Blätter, gewaschen und gehackt
2 mittelgroße Tomaten, gewürfelt
Salz und frisch gemahlener schwarzer Pfeffer
300 g milder Cheddar-Käse, gerieben
16 Scheiben Blätterteig
$1/4$ Tasse Pflanzenöl

Soße

1 Lorbeerblatt
10 weiße Pfefferkörner
$1/2$ Tasse trockener Weißwein
6 Tassen Sahne
350 g Akee, gekocht, ganz ausgedrückt und püriert

1 EL der Butter bei mittlerer Hitze in einer großen Pfanne zerlassen. Zwiebeln, Knoblauch, Chili und Thymian dazugeben und unter Rühren braten, bis die Zwiebeln weich sind. Callaloo und Tomaten unterrühren. 5–7 Minuten garen. Mit Salz und Pfeffer abschmecken und abkühlen lassen. Käse hinzufügen.

Die erste Scheibe Blätterteig mit etwas Pflanzenöl einstreichen und eine zweite Scheibe darüberlegen. Ebenfalls mit Öl einpinseln. Ein Achtel der Callaloo-Mischung $1/2$ cm vom Rand entfernt der Länge nach auf den Blätterteig häufeln. Längskanten aufeinanderfalten und dann die kurzen Kanten einklappen, so daß die Füllung eingeschlossen ist. Anschließend wie eine Zigarre aufrollen. Oben mit etwas Öl bestreichen. Mit den anderen Blätterteigscheiben und der restlichen Füllung ebenso verfahren.

Für die **Soße** Lorbeerblatt und Pfefferkörner in einen gußeisernen Topf geben, mit Wein bedecken und aufkochen. Bei mittlerer Hitze kochen, bis die Flüssigkeit sich fast ganz verflüchtigt hat. Durch ein Sieb gießen und dann wieder in den Topf geben. Sahne dazugeben und köcheln lassen, bis die Flüssigkeit um zwei Drittel eingekocht ist. Akee-Püree hinzufügen und 1 Minute köcheln lassen. Vom Herd nehmen und restliche Butter eßlöffelweise unterschlagen. Mit Salz und Pfeffer abschmecken.

Ofen auf 180°C vorheizen. Teigtaschen mit der Saumseite nach unten auf ein Backblech legen. Etwa 10 Minuten goldbraun backen. Sofort mit der Akeesoße servieren. Ergibt 8 Portionen.

STAMP AND GO

Dieses Gericht mit dem eigenartigen Namen essen Jamaikaner gerne als Snack bei Busfahrten. Stellen Sie sich einen Fahrgast vor, der vom Bus springt, diesen Imbiß kauft und sogleich verschlingt, um dann schnell auf den bereits anfahrenden Bus zu springen. So ist der Name des Gerichts entstanden. Es wird oft mit einer scharfen Soße gegessen – hier ist es eine Tomaten-Scotch-Bonnet-Soße. ☺☺☺

100 g Stockfisch
6 EL kochendes Wasser
$^1/_2$ Tasse Mehl
$^3/_4$ TL Backpulver
1 mittelgroße Zwiebel, fein gehackt
1 Knoblauchzehe, fein gehackt
1 EL Chilischote, am besten Scotch-Bonnet, entkernt und gehackt
1 EL fein gehackter frischer Schnittlauch
Salz und frisch gemahlener schwarzer Pfeffer
$^1/_2$ TL fein gehackter, frischer Thymian oder getrockneter Thymian
2 große Eier, getrennt
Pflanzenöl zum Fritieren
1 EL Estragonessig

Tomaten-Scotch-Bonnet-Soße
10 große, reife Tomaten, geschält und geviertelt
3 weiße Zwiebeln, geviertelt
1–4 Chilischoten, entkernt
3 EL brauner Zucker
1 EL Salz
2 Tassen Malzessig

Für das **Stamp and Go** Stockfisch mehrere Stunden in Wasser einweichen – am besten über Nacht. Abtropfen lassen. Kochendes Wasser über den Fisch gießen und abkühlen lassen. Fisch abtropfen lassen und Wasser aufheben. Mehl und Backpulver in eine große Schüssel geben. Langsam das aufgehobene Wasser unterrühren. Fisch mit kaltem Wasser abspülen. Vollständig von Haut und Gräten befreien, dann mit einer Gabel in kleine Stücke zerteilen.

Fisch, Zwiebeln, Knoblauch, Chilis, Schnittlauch, Salz, schwarzen Pfeffer, Thymian und Eigelb in die Mehlmischung geben und gut vermengen. Öl in einer tiefen Pfanne auf 180–190 °C erhitzen. Eiweiß schlagen, bis es steif, aber noch nicht trocken ist, dann mit dem Essig unter die Fischmischung heben. Teig löffelweise in das heiße Öl gleiten lassen und goldbraun fritieren. Auf Küchenpapier abtropfen lassen.

Für die **Soße** Gemüse pürieren, dann mit den restlichen Zutaten in einen großen Topf geben. Mischung bei mittlerer Hitze kochen, bis sie zu sprudeln beginnt. Hitze reduzieren und weitere 20 Minuten köcheln lassen. Soße abkühlen lassen und zum Stamp and Go servieren. Den Rest der Soße kann man in eine Flasche abfüllen und im Kühlschrank aufbewahren. Ergibt 6 Portionen.

FRITIERTES, CHIPS UND SALSA

MEERESSCHNECKE ODER KABELJAU, FRITIERT

Meeresschnecken sind eine Delikatesse, wenn man sie vor dem Kochen weichklopft. Bei diesem Rezept werden sie fein gehackt. Man kann auch Stockfisch, der über Nacht eingeweicht wurde, statt der Schnecken verwenden. ☉☉

200 g Meeresschneckenfleisch
$1/4$ Tasse gehackte grüne Paprikaschoten
$1/2$ Stange Sellerie, gehackt
$1/4$ Tasse gehackte Zwiebeln
1 EL Tomatenmark
1 EL Zitronensaft
Gemahlene rote Chilischote
1 Tasse Mehl
$1/2$ TL Backpulver
Etwa $1/2$ Tasse kaltes Wasser
Pflanzenöl zum Fritieren
Cocktailsoße oder Salsa

Meeresschnecken gründlich abwaschen, trockentupfen, im Mixer zerkleinern und mit Paprikaschoten, Sellerie und Zwiebeln vermischen. Tomatenmark, Zitronensaft und Chili hinzufügen. 10 Minuten ziehen lasen, dann Mehl und Backpulver unterrühren und soviel Wasser dazugeben, daß ein dicker Teig entsteht.

Das Öl in einer Pfanne auf etwa 195°C erhitzen. Wenn man 1 Löffel der Teigmischung in das Öl gibt,

Mango-Salsa (oben) paßt gut zu den salzigen Kochbananen-Chips (links) und zu fritierten Meeresschnekken und Kabeljau (rechts).

sollte sie an die Oberfläche steigen. Jeweils 2 Löffel der Mischung gleichzeitig ins heiße Öl geben und goldbraun fritieren. Abtropfen lassen.

Heiß servieren: 2 Stück pro Person; dazu Cocktailsoße oder Salsa zum Dippen reichen. Ergibt 6 Portionen.

KOCHBANANEN-CHIPS

4 grüne Kochbananen
2 Tassen Öl
Salz

Kochbananen schälen und in $1/2$ cm dicke Scheiben schneiden. Öl auf 195°C erhitzen und Scheiben darin 5 Minuten fritieren, bis sie goldbraun sind. Chips aus der Pfanne nehmen, abtropfen lassen und mit etwas Salz bestreuen. Ergibt 6 Portionen.

MANGO-SALSA

1 große, reife Mango, geschält, entkernt und gewürfelt
$1/4$ Tasse rote Zwiebeln, gehackt
1 Scotch-Bonnet- oder andere Chilischote, entkernt und gehackt
2 EL Limonensaft
1 EL frischer Koriander, klein gehackt
$1/4$ TL Salz

Alle Zutaten gründlich vermischen und 1 Stunde in den Kühlschrank stellen. Ergibt 2 Tassen.

ROTE-BOHNEN-SUPPE MIT EINLAGE & COCO-BROT

Nigel Clarke und Clifton Wright, Grand Lido Negril

ROTE-BOHNEN-SUPPE MIT EINLAGE
ⓐ ⓐ ⓐ

Suppe

600 g Rindfleisch
300 g Schweineschwanz oder Schinken
2 Tassen getrocknete Kidney-Bohnen
4 Liter Wasser
200 g Kartoffeln (oder gelbe Yams)
3 Schalotten
2 Chilischoten, am besten Scotch-Bonnet
1 Zweig frischer Thymian
Salz

Einlage

1 Tasse Mehl
$^1/_4$ TL Salz, Wasser

Schweineschwanz oder Schinken über Nacht einweichen, um das überschüssige Salz zu entfernen. Bohnen ebenfalls über Nacht einweichen.

Am nächsten Tag Bohnen und Fleisch abtropfen lassen. Das Fleisch in Stücke schneiden und mit den Bohnen und dem Wasser in einen Topf geben. Aufkochen, Hitze reduzieren und etwa 1 Stunde köcheln lassen, bis die Bohnen weich sind. Kartoffeln, Schalotten, Chilis, Thymian und Salz hinzufügen. Weitere 35–40 Minuten kochen.

Für die **Einlage** Mehl und Salz vermischen. Soviel Wasser hinzufügen, daß ein fester Teig entsteht. Aus jeweils etwa 2 EL Teig ein längliches Klößchen

formen. Die Klößchen die letzten 15 Minuten in der Suppe mitgaren. Ergibt 6 Portionen.

COCO-BROT ⓐ ⓐ ⓐ

2 Päckchen Hefe
1 TL Zucker
$^1/_4$ Tasse warmes Wasser, $^3/_4$ Tasse warme Milch
$1^1/_2$ TL Salz
1 Ei, leicht verquirlt
Etwa 3 Tassen Mehl
$^1/_2$ Tasse Butter, zerlassen

Hefe mit dem Zucker in Wasser auflösen, dann Milch, Salz und Eier unterrühren. Die Hälfte des Mehls dazugeben und gründlich vermischen. Nach und nach Mehl hinzufügen, bis sich der Teig von der Schüssel löst. Teig 10 Minuten lang kneten.

Saubere Schüssel einölen und Teig darin wenden, bis er mit dem Öl überzogen ist. Mit einem feuchten Küchentuch bedecken und 1 Stunde ruhen lassen. In 12 Stücke schneiden. Jedes Stück ausrollen (Durchmesser 15 cm). Mit der zerlassenen Butter bestreichen und dann zusammenklappen. Mit Butter bestreichen und nochmals zusammenklappen. Brote auf ein eingeöltes Backblech setzen und gehen lassen, bis sie doppelt so groß sind. Ofen auf 220 °C vorheizen und eine Pfanne mit heißem Wasser auf die unterste Schiene stellen. Coco-Brote 12–15 Minuten goldgelb backen. Ergibt 10 Stück.

CHILI-TOPF

Terra Nova

Dies ist die berühmteste Suppe der Karibik – eine herzhafte und oft scharfe Mischung, die angeblich auf die ersten Rezepte zurückgeht, welche zwischen den Arawaks und den spanischen Eroberern ausgetauscht wurden. Durch Okra wird die Flüssigkeit angedickt, ähnlich wie beim Gumbo in der Küche von New Orleans. ☺☺

800 g frischer Grünkohl
200 g Calloloo oder frischer Spinat
20 frische Okraschoten
100 g fettes Fleisch vom Schweinebauch, in dünne Streifen geschnitten
200 g frisches mageres Schweinefleisch, gewürfelt
2 mittelgroße Zwiebeln, in dünne Scheiben geschnitten
2 Chilischoten, am besten Scotch-Bonnet, entkernt und in Scheiben geschnitten
1 EL gehackter frischer Thymian oder 1 TL getrockneter Thymian
1 TL gemahlener Kreuzkümmel
Frisch gemahlener schwarzer Pfeffer zum Abschmecken
6 Tassen Hühnerbrühe (S. 39)
100 g mittelgroße Garnelen, in der Schale, wahlweise

Vom Grünkohl und Callaloo alle Stiele entfernen, Blätter gründlich waschen und grob hacken. Okraschoten ebenfalls hacken.

Das fette Fleisch vom Schweinebauch in einen großen Topf geben und bei mittlerer Hitze 10 Minuten anbraten. Das Fett bis auf 2 EL abgießen, gewürfeltes Schweinefleisch und Zwiebeln dazugeben und etwa 5 Minuten anbraten, bis die Zwiebeln glasig sind.

Grünkohl, Callaloo und alle übrigen Zutaten, bis auf die Garnelen, hinzufügen. Zugedeckt 2 Stunden köcheln lassen. 5 Minuten vor dem Servieren, wenn gewünscht, die Garnelen dazugeben und kochen, bis sie rosafarben werden. Fett vom Schweinebauch kurz vor dem Servieren entfernen. Ergibt 6–8 Portionen.

Tip: Wird Spinat statt des Callaloo verwendet, sollte er erst zur Suppe gegeben werden, wenn diese bereits 1½ Stunden kocht.

MUNGBOHNENSUPPE

Winsome Warren, Jake's

Während der Weihnachts- und Neujahrsfeiertage sieht man überall auf der Insel, wie die Jamaikaner genußvoll ihre Mungbohnen-Suppe löffeln. Diese Bohnen wurden über Westafrika eingeführt (auch *congo peas* genannt) und werden traditionell an diesen Feiertagen gegessen. ☺☺☺

2 Tassen getrocknete Mungbohnen
1 geräucherter Schinken
2 mittelgroße Zwiebeln, grob gehackt
2 Karotten, grob gehackt
1 Selleriestange, mit Blättern
2 Chilischoten, am besten Scotch-Bonnet, entkernt und gehackt
1 Knoblauchzehe, fein gehackt
1 Lorbeerblatt
$\frac{1}{2}$ TL zerstoßener Rosmarin
200 g geräucherte Wurst, in Scheiben geschnitten
Teigklößchen (S. 41)

Mungbohnen-suppe (links) und Curry-kürbis (S. 127) auf einem Tisch von Ritula Frankel.

Die Bohnen gründlich waschen und dann in eine mittelgroße Schüssel geben. So viel Wasser hinzufügen, daß sie bedeckt sind. Über Nacht einweichen. Bohnen abtropfen lassen.

8 Tassen Wasser in einen Topf gießen und alle übrigen Zutaten, bis auf die eingeweichten Bohnen und die Wurst, hinzufügen. Aufkochen, Hitze reduzieren und 45 Minuten köcheln lassen. Brühe durch ein Sieb gießen, Schinken aufheben und Gemüse wegwerfen. Das Fett von der Brühe abschöpfen.

Brühe und Schinken mit den eingeweichten Bohnen wieder in den Topf geben. Bei niedriger Hitze etwa 2 Stunden köcheln lassen, bis die Bohnen zart sind. Die Hälfte der Bohnen aus der Suppe nehmen und pürieren. Püree dann wieder zur Suppe geben. Die vorbereiteten Teigklößchen und die geräucherte Wurst beifügen und die Suppe nochmals erhitzen. Ergibt 6–8 Portionen.

Tip: Wenn die Suppe zu dick ist, gießt man etwas mehr Wasser dazu.

KÜRBISSUPPE & BAMMIE

Terra Nova

KÜRBISSUPPE

Jamaikas Vorliebe für Kürbis zeigt sich bei dieser Suppe mit frischem Ingwer – ein weiteres Gewürz, von dem die Inselbewohner anscheinend nicht genug bekommen können. ☺☺

800 g Rinderbraten, in 1½ cm dicke Stücke geschnitten
4 Liter Wasser
800 g Kürbis, gehackt
400 g Yams, gehackt
1 grüne Paprikaschote, entkernt und gehackt
2 Schalotten, gehackt
1 Knoblauchzehe
1 Zweig frischer Thymian
Salz und frisch gemahlener schwarzer Pfeffer
1 Stück Ingwer (1½ cm groß), gehackt

Fleisch in einen großen Topf geben, mit Wasser bedecken und aufkochen. Hitze reduzieren und offen etwa 1½ Stunden köcheln lassen, bis das Fleisch zart ist. Alle übrigen Zutaten, bis auf den Ingwer, dazugeben und etwa 45 Minuten weiterkochen, bis Kürbis und Yams weich sind. Kürbis und Yams mit einem Schaumlöffel herausnehmen und pürieren. Gemüsepüree in die Brühe rühren.

Mit Salz und Pfeffer abschmecken. Jede Portion mit dem gehackten Ingwer bestreuen. Ergibt 8–10 Portionen.

BAMMIE

Dieses gebratene Brot wird aus gemahlenem Maniok hergestellt. Wenn Sie einen Straßenverkäufer „fry fish and bammie" schreien hören, sollten Sie sich diese gute und komplette Mahlzeit nicht entgehen lassen. ☺

Pflanzenöl
3 Tassen gemahlener Maniok
½ TL Salz
1¾ – 2¼ Tassen Wasser

Eine mittelgroße Pfanne mit etwas Pflanzenöl einfetten. Maniok und Salz in einer großen Schüssel vermischen. Langsam soviel Wasser unterrühren, daß ein Teig entsteht. Diesen in 6 gleichgroße Stücke teilen. Ein Teigstück in die eingefettete Pfanne geben. Die anderen Teigstücke zudecken, damit sie nicht austrocknen. Teig in der Pfanne flach drücken, bis er etwa einen Durchmesser von ca. 15 cm hat (Jamaikaner nehmen hierzu oft die bemehlte Unterseite einer Flasche). Pfanne bei mittlerer Hitze auf den Herd setzen.

Sobald Dampf aufsteigt und der Rand des Bammies sich leicht am Rand der Pfanne wellt, den Teig erneut flach drücken und wenden; dies sollte nach etwa 5 Minuten erfolgen. Weitere 5 Minuten braten. Mit den anderen Teigstücken ebenso verfahren. Pfanne, falls erforderlich, erneut einfetten. Ergibt 6 Stück.

OCHSENSCHWANZ UND BOHNEN

Norma Shirley, Norma at the Wharfhouse

Die Kombination von dicken Bohnen und Teigwaren verleiht vorliegendem Rezept den herzhaften Geschmack, der häufig die Gerichte Jamaikas charakterisiert. Statt Ochsenschwanz kann man auch Rind- oder Kalbfleisch verwenden. ☺☺☺

800 g Ochsenschwanz, mit Knochen
$^1\!/_4$ Tasse Pflanzenöl
5 Tassen Wasser
2 mittelgroße Tomaten, gehackt
2 mittelgroße Zwiebeln, gehackt
3 Knoblauchzehen, gehackt
1 Zweig Thymian
Salz und frisch gemahlener schwarzer Pfeffer
200 g eingedoste dicke Bohnen (oder gekochte, frische dicke Bohnen)
Suppeneinlage (S. 50)

Ochsenschwanzstücke waschen, dann in einem großen Topf in Öl anbräunen. 4 Tassen Wasser dazugeben und bei starker Hitze aufkochen. Hitze reduzieren und etwa 1 Stunde köcheln lassen, bis das Fleisch zart ist. Alle anderen Zutaten, bis auf die Bohnen und die Suppeneinlage, hinzufügen. Bei mittlerer Hitze etwa 10 Minuten kochen lassen, dann die restliche Tasse Wasser, Bohnen und Einlage hineingeben.

Hitze reduzieren, zudecken und etwa 10 Minuten köcheln lassen, bis die Flüssigkeit sämig wird. Ergibt 4 Portionen.

ESCOVEITCHED FISH

Good Hope

Diese Rezept beruht höchstwahrscheinlich auf dem spanischen *escabèche*, bei dem Fisch pochiert oder gebraten und dann mariniert wird. Unsere Variante ist ein einfaches, aber sehr schmackhaftes Gericht, das man zu eingelegten Gemüsen reicht. ☺☺

½ Tasse Mehl
1 TL frisch gemahlener schwarzer Pfeffer
½ TL Salz
6 kleine ganze Rotbarsche bzw. Schnapper oder Brassen (insgesamt etwa 1200 g)
¾ Tasse Pflanzenöl

Soße

2 EL Pflanzenöl
1 große Gemüsezwiebel, geschält und in dünne Scheiben geschnitten
2 grüne Paprikaschoten, in dünne Ringe geschnitten
2 rote Paprikaschoten, in dünne Ringe geschnitten
1 Scotch-Bonnet- oder andere Chilischote, entkernt und in dünne Scheiben geschnitten
½ TL Pimentbeeren
⅓ Tasse Weißweinessig

Mehl, Pfeffer und Salz in eine flache Schüssel geben. Fisch in die Mehlmischung tauchen, überschüssiges Mehl abschütteln.

In einer mittelgroßen Pfanne ½ Tasse Öl erhitzen, bis es heiß ist, aber nicht raucht. Es sollte soviel Öl sein, daß der Fisch beinahe bedeckt ist. Ein oder zwei Fischstücke dazugeben und etwa 3–4 Minuten pro Seite braten, bis der Fisch goldbraun ist. Auf Küchenpapier abtropfen lassen und auf einer großen Platte nebeneinander legen.

Für die **Soße** Pfanne auswischen und 2 EL Öl, Zwiebeln, Paprikaschoten, Chilischoten und Piment hineingeben. Gemüse etwa 2 Minuten bei mittlerer Hitze unter Rühren braten. Essig hinzufügen und weitere 5 Minuten kochen. Gemüsemischung über den gebratenen Fisch geben. Die restliche Soße in eine kleine Schale gießen und als Dipsoße reichen. Bei Zimmertemperatur servieren. Ergibt 6 Portionen.

Tip: Für dieses Rezept kann man auch Makrelen verwenden. Möglich sind auch 6 Fischfilets statt der ganzen Fische.

RUN DOWN

Traditionell wird dieses Gericht mit gekochten grünen Bananen und einfachen Mehlklößen serviert. Es ist schnell und einfach zuzubereiten und wird aus den tropischen Zutaten, die gerade zur Hand sind, hergestellt. Hier wird es mit gekochter Brotfrucht serviert, einer beliebten Beilage zu Fleisch, Fisch oder Geflügel. ☺☺

- **3 EL frisch gepreßter Limonensaft**
- **6 Makrelen- oder andere fette Fischfilets (etwa 800 g)**
- **3 Tassen Kokosmilch (S. 40)**
- **1 große Zwiebel, fein gehackt**
- **1 Chilischote, am besten Scotch-Bonnet, entkernt und fein gehackt**
- **2 Knoblauchzehen**
- **400 g Tomaten, geschält und gehackt**
- **1 EL Essig**
- **1 TL getrockneter Thymian**
- **Salz und frisch gemahlener schwarzer Pfeffer**

Fischfilets in eine flache Schale legen und mit Limonensaft übergießen. In einem gußeisernen Topf Kokosmilch bei mittlerer Hitze kochen, bis sie leicht ölig wird, dann Zwiebeln, Chilis und Knoblauch dazugeben und etwa 5 Minuten weich kochen. Tomaten, Essig und Gewürze unterrühren. Fisch hinzufügen, zudecken und etwa 10 Minuten kochen lassen, bis der Fisch leicht zerfällt, wenn man ihn mit einer Gabel berührt. Ergibt 6 Portionen.

Tip: Brotfrucht kann wie Kartoffeln zubereitet, also gekocht, gebacken oder gebraten werden. Unreife oder grüne Brotfrüchte schälen und in Salzwasser kochen, bis sie gerade weich sind.

Um Brotfrüchte zu backen, wird der Ofen auf 180°C vorgeheizt. Eine reife Brotfrucht auf den Rost legen und darunter eine Bratpfanne stellen. 2 Stunden backen, bis die Schale ein wenig nachgibt, wenn man sie drückt. Sobald die Brotfrucht so weit abgekühlt ist, daß man sie anfassen kann, schälen und mit etwas Milch, Butter und Salz und Pfeffer nach Geschmack zerdrücken. Die gebackene Brotfrucht kann dann gebraten oder wie im Rezept auf Seite 98 zubereitet werden.

Brotfrüchte kann man auch auf einem Gas- oder Elektrogrill zubereiten. Etwa 1 Stunde grillen, dabei häufig wenden, damit die Haut überall geschwärzt wird. Wenn Dampf am Stielende austritt, ist die Brotfrucht gar. Fleisch aus der geschwärzten Schale lösen und servieren.

GEGRILLTER FISCH SCOTCH BONNET & CHILIGARNELEN

Martin Maginley, Grand Lido Negril

GEGRILLTER FISCH SCOTCH BONNET

In der Karibik ist pikant gewürzter Fisch sehr beliebt. Die auf Jamaika häufig verwendeten Scotch-Bonnet-Chilischoten, die dem Gericht seinen Namen gaben, verleihen ihm noch zusätzliche Schärfe. ⏱⏱

1 TL getrockneter Estragon
1 TL getrocknete Basilikumblätter
1 TL getrockneter Thymian
1 TL getrockneter Oregano
1 TL Paprikapulver
1 TL Fenchelsamen
1 TL Anissamen
2 Tassen Pflanzenöl
2 EL frisch ausgepreßter Zitronensaft
2 EL frisch ausgepreßter Limonensaft
2 EL Worcestersoße
1 EL trockener Weißwein
1 Chilischote, am besten Scotch-Bonnet, entkernt und fein gehackt
6 kleine, ganze Fische mit weißem Fleisch (z.B. Barsch, Schnapper)

Grill vorheizen. In einer flachen Schüssel alle Zutaten, bis auf den Fisch, gut vermischen. Jedes Filet mit der Würzmischung gleichmäßig auf beiden Seiten bestreichen. Bei mittlerer Hitze grillen und einmal wenden. Dies dauert etwa 15 Minuten. Der Fisch ist durch, sobald er zerfällt, wenn man ihn mit einer Gabel berührt. Ergibt 6 Portionen.

Gegrillter Fisch Scotch Bonnet (links), serviert mit Festival (S. 40), und Chiligarnelen.

Tip: Den Grill mit etwas Pflanzenöl einpinseln, bevor man den Fisch darauf legt, damit er nicht so leicht am Grill festklebt.

CHILIGARNELEN

Wenn Sie Frauen mit bunten Halstüchern am Straßenrand sehen, die etwas leuchtend Oranges in durchsichtigen kleinen Tüten verkaufen, handelt es sich um Garnelen mit Chili, ein Lieblingsimbiß an der gesamten Küste Jamaikas. Diese Garnelen können sehr salzig sein. ⏱⏱

1 Tasse Pflanzenöl
2 Scotch-Bonnet- oder andere Chilischoten, entkernt und gehackt
2 Knoblauchzehen, gehackt
2 TL Salz
2 kg Garnelen, in der Schale
2 EL Essig

Öl, Chilis, Knoblauch und Salz in einem großen gußeisernen Topf erhitzen. Garnelen dazugeben und 3 Minuten braten, dabei häufig umrühren. Die Garnelen mit dem Essig besprenkeln und weitere 3 Minuten unter häufigem Umrühren braten, bis sie gar sind. Ergibt 6–8 Portionen.

HUMMER SANS SOUCI

Everett Wilkerson, Grand Lido Sans Souci

Dieses Rezept ist eine Kombination mehrerer traditioneller jamaikanischer Hummergerichte. Der Jamaika-Hummer (siehe Foto auf S. 10) wird auch Felsenhummer genannt. Sein Fleisch ist fester und fasriger als das des Maine-Hummers. Felsenhummerschwänze gibt es auch tiefgefroren. ☺☺

1 große Karotte, gehackt
1 mittelgroße Zwiebel, gehackt
1 Lorbeerblatt
10 ganze schwarze Pfefferkörner
4 Tassen Wasser
1½ Tassen geklärte Butter
1 Schalotte, zerstoßen
2 TL fein gehacktes Zitronengras
½ TL Annattosamen
½ TL frische Thymianblätter
½ TL gehackter Knoblauch
1 Aubergine, in dünne runde Scheiben geschnitten
Salz und frisch gemahlener schwarzer Pfeffer
8 karibische Felsenhummerschwänze
1 Tasse ganze Maiskörner
1 Chilischote, am besten Scotch Bonnet, entkernt und gehackt
¼ Tasse geraspelte Kokosnuß
1 Tasse Sahne

Karotten, Zwiebeln, Lorbeerblatt, Pfefferkörner und Wasser in einem großen Topf bei mittlerer bis starker Hitze aufkochen. Hitze reduzieren und etwa 10 Minuten köcheln lassen, bis die Karotten weich sind. Brühe durch ein Sieb gießen, Gemüse und Lorbeerblatt wegwerfen und die Brühe in dem Topf, in dem sie gekocht wurde, aufbewahren.

In eine mittelgroße Pfanne Butter, Schalotten, Zitronengras, Annattosamen, Thymian und Knoblauch geben. Erhitzen und dann vom Herd nehmen.

Eine große Pfanne erhitzen. Auberginenscheiben mit der Hälfte der Buttermischung überziehen, portionsweise in die Pfanne geben und gar schmoren. Aus der Pfanne nehmen, mit Salz und Pfeffer abschmecken und zudecken, damit sie warm bleiben.

Die Brühe bei mittlerer Hitze zum Kochen bringen. Hummerschwänze dazugeben, Hitze reduzieren und 12–13 Minuten köcheln lassen, bis das Fleisch zart ist. Hummer aus der Brühe nehmen und beiseite stellen.

1 EL der restlichen Butter erhitzen und Mais und Chilis etwa 1 Minute darin scharf anbraten. Geraspelte Kokosnuß und Sahne hinzufügen und 4–5 Minuten kochen, bis die Flüssigkeit ziemlich dick geworden ist. Mit Salz und Pfeffer abschmecken.

Restliche Buttermischung, Auberginenscheiben und Mais neben den Hummerschwänzen anrichten. Ergibt 8 Portionen.

GERÄUCHERTER MERLAN AUF SALAT

James Palmer, Strawberry Hill

Dieses Gericht findet man oft in den Restaurants um Port Antonio, besonders während des legendären Merlan-Wettangelns im Herbst. Dann verwandelt sich dieses verschlafene Städtchen an der Nordküste in die Reggae-Version von Hemmingways Pamplona. Wenigstens rennen die Merlan-Fische nicht durch die Straßen! Das Strawberry Hill reicht zu diesem Salat einige pikante Würzmischungen. ☺☺

400 g geräucherter Merlan, in dünne Scheiben geschnitten
4 Tassen gemischter Salat, in mundgerechte Stücke zerpflückt

Guacamole

1 große Avocado
Saft einer Limone
1 Tomate, fein gehackt
Fruchtfleisch einer Ananas, fein gehackt
1 Zwiebel, fein gehackt
1 grüne Paprikaschote, fein gehackt
$^1/_2$ Chilischote, am besten Scotch Bonnet, fein gehackt

Mango-Salsa

1 Mango
1 Chilischote, am besten Scotch Bonnet
1 Tasse Weißwein

Eingelegte Zwiebeln

2 große Zwiebeln, in dünne Scheiben geschnitten
2 Tassen Essig
Je $^1/_8$ TL Piment, Kreuzkümmel und Thymian
1 Lorbeerblatt
1 EL Zucker

Für die **Guacamole** Avocado und Limonensaft zusammen pürieren. Restliche Zutaten dazugeben. Für die **Salsa** Mango, Chilischote und Wein zusammen etwa 20 Minuten weich kochen. Für die **eingelegten Zwiebeln** alle Zutaten bei mittlerer Hitze circa 30 Minuten kochen.

Den Salat auf 4 Teller verteilen, dann den geräucherten Merlan dekorativ auf dem Salat anrichten. Mit den drei Würzmischungen garnieren. Ergibt 4 Portionen.

Insel-Gnocchi (links, Rezept auf S. 125) und geräucherter Merlan auf Salat.

BRAUNER FISCHEINTOPF & MAISBRÖTCHEN

Thomas Swan, Grand Lido Negril

BRAUNER FISCHEINTOPF

Ein einfaches, altmodisches Rezept, das die Jamaikaner lieben und das auch in guten Hotels und Restaurants auf der Speisekarte steht. ☺☺

6 Fischfilets von mildem Fisch mit weißem
    Fleisch (im ganzen etwa 800 g)
Mehl
3 EL Pflanzenöl
2 mittelgroße Zwiebeln, gehackt
2 Karotten, gehackt
200 g grüne Bohnen, jeweils in drei Stücke
    geschnitten
2 Schalotten, gehackt
2 Tomaten, gehackt
3 EL schwarze Sojasoße
1 Liter Fischbrühe (S. 40) oder Wasser

Fischfilets mit etwas Mehl bestäuben. Öl in einer großen Pfanne erhitzen. Fischfilets darin etwa 5–8 Minuten braten, bis sie auf beiden Seiten goldbraun sind. Tomaten, Sojasoße und Fischbrühe hinzufügen und 8 Minuten köcheln lassen.

Fisch wieder in die Soße geben, zudecken und etwa 10 Minuten köcheln lassen, bis er ganz heiß ist. Ergibt 6 Portionen.

MAISBRÖTCHEN

In der Regel werden diese Maisbrötchen pur serviert, aber Jamaikas Köche würzen sie auch gerne ein bißchen. Bei diesem Rezept werden sie sogar kräftig gewürzt. ☺☺

¼ Tasse Pflanzenöl
1 große Tomate, gewürfelt
1 große grüne Paprikaschote, gewürfelt
12 Okraschoten, in Scheiben geschnitten
1 große Zwiebel, gewürfelt
1 Schalotte, gewürfelt
½ TL gehackter Knoblauch
Salz und frisch gemahlener schwarzer Pfeffer
1 Liter Wasser
2 Tassen gelbes Maismehl

Öl bei mittlerer Hitze in einem großen Topf erhitzen. Alle Gemüse hineingeben und anbraten, bis sie weich sind. Salz, Pfeffer und Wasser hinzufügen und aufkochen. Langsam das Maismehl unterrühren. Hitze reduzieren und 10 Minuten kräftig umrühren. Sobald die Mischung glatt ist, zudecken und bei niedriger Hitze etwa 30 Minuten dämpfen. Vom Herd nehmen und leicht abkühlen lassen.

Die Mischung nun auf 6 kleine Schälchen verteilen und fest hineindrücken. Dann auf einen Teller stürzen und servieren. Ergibt 6 Stück.

GEDÄMPFTER FISCH UND FISCHTEE

Mark Cole, Grand Lido Sans Souci

Auf Jamaika wird jedes alkoholfreie Getränk als „Tee" bezeichnet. Hier handelt es sich um eine aromatische Fischbrühe, die als Soße zum Fisch gereicht wird. ☺☺☺

8 ganze Fische (je 250 g)
3 Karotten, gewürfelt
1 große gelbe Zwiebel, gehackt
1 Kohlkopf (ca. 400 g), fein gehackt
12 Okraschoten, gesäubert, in Scheiben
2 Cho-cho, gesäubert und gewürfelt
2 mittelgroße Kartoffeln, gewaschen und gewürfelt
1 kleiner Kürbis, gewaschen und gewürfelt
2 Zweige frischer Thymian
$1/2$–1 Chilischote, am besten Scotch Bonnet, entkernt und gehackt
2 Schalotten, gehackt
1 TL gehackter Knoblauch
Salz und frisch gemahlener schwarzer Pfeffer
3 Tassen Wasser

Fischsoße

1 mittelgroße Tomate, gewürfelt
1 Schalotte, gehackt
1 Zweig frischer Thymian
1 TL gehackter Knoblauch
$1/2$ Chilischote, gehackt
$1/4$ Tasse Limonensaft
Salz und frisch gemahlener schwarzer Pfeffer

Fische filetieren, Gräten und Köpfe in einen großen Topf geben und mit kaltem Wasser bedecken. Bei großer Hitze aufkochen lassen, Hitze reduzieren und offen etwa 10 Minuten köcheln lassen. Alle aufsteigenden Partikel abschöpfen, dann etwa ein Drittel der Karotten und gelben Zwiebeln dazugeben. 20–25 Minuten köcheln lassen. Brühe durch ein Sieb gießen und gekochte Gemüse und Gräten wegwerfen. Brühe wieder in den Topf geben und erneut köcheln lassen.

Restliche Karotten sowie Zwiebeln, Kohl, Okra, Cho-cho, Kartoffeln, Kürbis, Thymian, Chilis, Schalotten und Knoblauch zur Brühe geben und 10 Minuten köcheln lassen, bis die Gemüse weich sind. Mit einem Schaumlöffel aus der Brühe nehmen und mit Salz und Pfeffer abschmecken.

Die Zutaten für die Fischsoße in einer flachen Schüssel vermischen, Fischfilets dazugeben und mit der Mischung überziehen.

Filets auf eine Arbeitsplatte legen. Gemüsemischung halbieren. Die Hälfte der Gemüsemischung auf den 8 Filets verteilen. Filets aufrollen und mit einem Zahnstocher fixieren.

Filets über der köchelnden Brühe in einem Dampftopf etwa 10 Minuten dämpfen, bis sie zart sind. Anschließend herausnehmen und zugedeckt warm stellen. Restliche Gemüsemischung in die Fischbrühe geben und aufwärmen.

Fischfilets in runde Scheiben schneiden und mit Fischtee und Gemüsen servieren. Ergibt 8 Portionen.

GEBRATENER ROTER SCHNAPPER &
GARNELEN NACH ART VON SPANISH TOWN

Winsome Warren, Jake's

GEBRATENER ROTER SCHNAPPER
☺☺

4 Rote Schnapper (oder Rotbarsche, à 600 g)
½ Tasse Limonensaft
Salz und frisch gemahlener schwarzer Pfeffer
½ Tasse Olivenöl
1 große Zwiebel, in dünnen Scheiben
½ TL frische Thymianblätter
½ TL frische Oreganoblätter
1 Lorbeerblatt, zerbröselt
1 mittelgroße Zwiebel, gehackt
3 Karotten, gehackt
1 Tasse gewaschener und gehackter Callaloo
2 Knoblauchzehen, gehackt
1 Chilischote, am besten Scotch Bonnet, entkernt und gehackt
1 EL gehackte frische Petersilie

Fische innen und außen mit Limonensaft einreiben, dann salzen und pfeffern. 6 EL Olivenöl in eine große Pfanne oder Auflaufform gießen. Zwiebelscheiben hineinlegen, Thymian, Oregano und Lorbeer darüberstreuen, salzen und pfeffern.

Fisch abtropfen lassen, Limonensaft auffangen und über die Zwiebeln gießen, dann den Fisch darauf legen. Die restlichen Zutaten in 2 EL Olivenöl anschwitzen und um den Fisch herum anrichten. Etwa 30 Minuten bei 200 °C im Ofen backen, bis der Fisch gar ist. Ergibt 6 Portionen.

GARNELEN NACH ART VON
SPANISH TOWN ☺☺

4 EL ungesalzene Butter
1 große Zwiebel, gehackt
1 grüne Paprikaschote, entkernt und in dünne Scheiben geschnitten
1 oder 2 Chilischoten, entkernt und gehackt
1 Knoblauchzehe, zerstoßen
4 mittelgroße Tomaten, gehackt
1 EL Limonensaft
1 Lorbeerblatt
1 TL fein gehackte frische Petersilie
½ TL Zucker
Salz und frisch gemahlener schwarzer Pfeffer
1 TL Worcestersoße
1 TL Pickapeppa-Soße
600 g rohe, mittelgroße Garnelen, geschält und ausgenommen

Butter in einer großen gußeisernen Pfanne zerlassen und Zwiebeln, Paprikaschoten, Chilis und Knoblauch ca. 5 Minuten anschwitzen, bis die Gemüse weich, aber nicht gebräunt sind. Tomaten, Limonensaft, Lorbeerblatt, Petersilie und Zucker dazugeben. Mit Salz und Pfeffer abschmecken. Offen köcheln lassen, bis die Soße sämig ist.

Lorbeerblatt entfernen. Worcestersoße und Pickapeppa-Soße mit den Garnelen unterrühren. Etwa 3 Minuten kochen, bis die Garnelen nicht mehr durchsichtig sind. Als Beilage eignet sich Reis. Ergibt 6 Portionen.

KOKOS-SCHNAPPER MIT GEBRATENEM CALLALOO

Terra Nova

In diesem Gericht kommen mehrere typische Genuß- und Nahrungsmittel der karibischen Insel zusammen: Red-Stripe-Bier, geraspelte Kokosnuß und Callaloo. ⊘ ⊘ ⊘

Schnapper

6 Schnapperfilets (je 150 g), jeweils in drei Stücke geschnitten
Salz und frisch gemahlener schwarzer Pfeffer
2 große Eier
$1^3/_4$ Tassen Mehl
$^3/_4$ Tasse Red Stripe-Bier oder anderes Bier
1 EL Backpulver
3 Tassen geraspelte Kokosnuß
$^1/_4$ Tasse Pflanzenöl

Gebratener Callaloo

800 g Callaloo, Grünkohl oder Spinat
$^1/_2$ Tasse Butter
Salz und frisch gemahlener schwarzer Pfeffer
$^1/_2$-1 Chilischote, am besten Scotch Bonnet, in Scheiben geschnitten

Schnapperfilets salzen und pfeffern. In einer mittelgroßen Schüssel Eier, $1^1/_4$ Tassen des Mehls sowie Bier und Backpulver gut vermischen. Die restliche $^1/_2$ Tasse Mehl und die Kokosraspeln jeweils auf einen flachen Teller geben.

Fisch im Mehl wenden, den Überschuß abschütteln, dann in den Bierteig tauchen. Großzügig mit den Kokosraspeln überziehen. Öl in einer Pfanne erhitzen und Fisch vorsichtig hineinlegen. Auf beiden Seiten goldbraun braten, dabei nicht anbrennen lassen. Auf Küchenpapier abtropfen.

Nun zur Zubereitung des **Callaloo**. Das Gemüse gründlich waschen und alle alten Blätter und zähen Stiele entfernen. Klein hacken und in kochendem Wasser weich kochen; abtropfen lassen. Butter in einem großen Topf erwärmen. Gut abgetropften Callaloo und die Chilischote dazugeben, salzen und pfeffern. Gemüse gründlich mit der Butter überziehen. Heiß zum Kokos-Schnapper servieren. Ergibt 6 Portionen.

BLUE-MOUNTAIN-LAMM

James Palmer, Strawberry Hill

Ein delikates Lammrezept mit den scharfen, bitteren und süßen Geschmackrichtungen jamaikanischer Gerichte. ☻ ☻ ☻

6 kleine Lammkeulen, in Stücke geschnitten
Salz und frisch gemahlener, schwarzer Pfeffer
4 EL ungesalzene Butter
Geriebene Schale von 2 Orangen
Saft von 6 Orangen
1 EL Essig
1 Lorbeerblatt
½ TL Angostura-Bitter
½ TL Pickapeppa-Soße
Hühnerbrühe (S. 39), falls erforderlich

Lammfleisch nach Geschmack mit Salz und Pfeffer einreiben. Butter bei mittlerer Hitze in einem gußeisernen Topf zerlassen. Lammfleisch dazugeben und etwa 10 Minuten von allen Seiten anbräunen. Hitze stark reduzieren. Restliche Zutaten hinzufügen und zugedeckt etwa 1½ Stunden garen, bis das Fleisch weich ist.

Das Lammfleisch herausnehmen, auf eine Platte legen und zudecken, damit es warm bleibt. Überschüssiges Fett von der Soße abschöpfen und wegschütten. Die restliche Flüssigkeit nochmals erhitzen und dann köcheln lassen, bis sie auf 2 Tassen eingekocht ist. Nach Belieben mit Hühnerbrühe verfeinern. Lammfleisch mit der Soße übergießen und mit Kartoffelbrei, gebratenen Zwiebeln und gebratenen Kochbananen servieren. Ergibt 6 Portionen.

ZIEGENCURRY & MANNISH WATER

Sydney Wilson, Grand Lido Negril

ZIEGENCURRY

Dieses unwiderstehliche Currygericht verdanken die Jamaikaner den indischen Einwanderern. ☺☺

2 EL Pflanzenöl
600 g Ziegenfleisch, in 2,5 cm großen Würfeln
3 große Zwiebeln, gewürfelt
2 Knoblauchzehen, fein gehackt
2 EL Currypulver (S. 40)
2 große Kartoffeln, gewürfelt
2 Tomaten, gehackt
3 Tassen Hühnerbrühe (S. 39)
1 EL Weinessig
Salz und gemahlene rote Chilischote
1/2 Lorbeerblatt
Gekochter weißer Reis

Öl in einem gußeisernen Topf erhitzen und das Fleisch portionsweise anbräunen. Fleisch mit einem Schaumlöffel herausnehmen. Zwiebeln und Knoblauch im Fleischsaft weich kochen, aber nicht braun werden lassen. Currypulver und Kartoffeln unterrühren und etwa 3 Minuten kochen lassen.

Tomaten, Brühe, Essig, Salz und Chili dazugeben. Fleisch in die Pfanne legen, zudecken und 1 1/2 Stunden langsam köcheln lassen. Falls die Mischung zu trocken wird, 1/2 Tasse Wasser hinzufügen. Lorbeerblatt hineingeben und weitere 30 Minuten kochen, bis das Fleisch zart ist. Das Blatt vor dem Servieren entfernen. Dazu Reis reichen. Ergibt 4 Portionen.

MANNISH WATER

Für das *curry goat feed*, ein geselliges Schlemmerfest mit Ziegencurry, wird eine Ziege geschlachtet. Da Teile der Ziege (Kopf und Innereien) für das Curry nicht verwendet werden, macht man aus ihnen eine Suppe. ☺☺

1500 g Ziegenkopf, Innereien und Füße
18 Liter Wasser
12 grüne Bananen
800 g Yams
3 Cho-cho, gehackt
400 g Taro, gewürfelt
200 g Karotten, in Scheiben geschnitten
200 g Rüben, gewürfelt
2 Bund Schalotten
3–4 Scotch-Bonnet- oder andere Chilischoten
4 Zweige frischer Thymian
Salz
Suppeneinlage (S. 50)

Fleisch in kleine Stücke hacken, waschen und in einen großen Suppentopf geben. Wasser dazugießen und aufkochen. Hitze reduzieren und etwa 3 Stunden köcheln lassen, bis das Fleisch weich ist. Alle übrigen Zutaten außer der Suppeneinlage hinzufügen und 20–30 Minuten kochen, bis die Gemüse weich sind. Suppeneinlage in den letzten 15 Minuten mitgaren. Ergibt 10–12 Portionen.

Im Uhrzeigersinn von links: Mannish Water, Reis und Bohnen (S. 92) und Ziegencurry.

RINDERFILET MIT AKEE UND CALLALOO

Martin Maginley, Grand Lido Negril

Bei diesem Rezept aus dem Grand Lido in Negril wird bestes Rinderfilet mit Akeefrüchten und Callaloo kombiniert. Das Gericht schmeckt einfach köstlich und wird auch noch wunderschön angerichtet. ☺☺☺

1/4 Tasse Olivenöl
1/2 Tasse feingehackte Zwiebeln
1 Knoblauchknolle, fein gehackt
2 Tassen trockener Rotwein
3 Tassen Rinderbrühe (S. 39)
Salz und frisch gemahlener schwarzer Pfeffer
2 EL Butter
400 g Akeefrüchte
400 g Callaloo, gewaschen und gehackt
3 Kochbananen
400 g Zucchini, in Scheiben geschnitten
400 g Karotten, geschält und in Scheiben geschnitten
400 g Cho-cho, in Scheiben geschnitten
400 g gelber Kürbis, in Scheiben geschnitten
800 g Rinderfilet, in 6 Scheiben geschnitten
6 Zweige frischer Thymian

Die Hälfte des Olivenöls in einen großen Topf geben. Zwiebeln und Knoblauch hinzufügen und etwa 5 Minuten anschwitzen, bis sie weich sind. Mit etwas Rotwein ablöschen und köcheln, bis die Flüssigkeit eingekocht ist. Rinderbrühe dazugeben und weiterkochen, bis die Brühe eine siruppartige Konsistenz hat. Die Brühe durch ein feines Sieb gießen und mit Salz und Pfeffer abschmecken. 1 EL der Butter unterrühren und warm halten.

Akeefrüchte in kochendem Wasser blanchieren, abtropfen lassen und beiseite stellen. Callaloo ebenfalls in kochendem Salzwasser blanchieren und dann abtropfen lassen. Restliches Olivenöl bei mittlerer Hitze in einem kleinen Topf erhitzen. Kochbananen schälen, in Scheiben schneiden und im Öl goldbraun anbraten. Auf Küchenpapier abtropfen lassen.

Die in Scheiben geschnittenen Gemüse in kochendem Wasser blanchieren, dann in Eiswasser abschrecken. In einer großen Pfanne die Filetscheiben bei starker Hitze auf beiden Seiten scharf anbraten und anschließend im auf 200°C vorgeheizten Ofen nach Wunsch medium oder ganz durch garen. Das Fleisch aus dem Ofen nehmen und 5 Minuten stehen lassen, bevor jedes Stück in drei Teile geschnitten wird.

Auf einer Servierplatte eine Pyramide errichten: Begonnen wird mit Fleischscheiben, gefolgt von einer Lage Callaloo. Darüber kommt eine Schicht Fleisch, eine Schicht Akee und eine Schicht Fleisch. Alle blanchierten Gemüse mit der restlichen Butter in einer großen Pfanne erwärmen, mit Salz und Pfeffer abschmecken und auf der Platte anrichten.

Die Platte 2–3 Minuten in den heißen Ofen stellen, dann die warme Soße darüberlöffeln. Mit frischem Thymian garnieren und sofort servieren. Ergibt 6 Portionen.

JAMAIKANISCHES SONNTAGS-ROASTBEEF

Wayne Lemonious, Grand Lido Sans Souci

Roastbeef ist auf Jamaika das typische Sonntagsgericht. Dazu serviert man Yams, leicht in Butter oder Pflanzenöl gebräunt und mit Salz bestreut. Dieser Braten wird besonders wegen seiner dunklen, üppigen Soße geschätzt, die ihre Schärfe durch Scotch-Bonnet-Chilischoten und Pickapeppa-Soße erhält. Man kann den Braten bereits vom Metzger zusammenbinden lassen, das erspart Zeit. ☉

**1 Rinderrollbraten ohne Knochen
(1000–1250 g)**
4 TL Salz
1 TL frisch gemahlener schwarzer Pfeffer
1 Zweig frischer Thymian, gehackt
2 Schalotten, gehackt
**2 Scotch-Bonnet- oder andere Chilischoten,
gehackt**
2 EL gehackter Knoblauch
2 EL Pickapeppa-Soße
2 EL Pflanzenöl
Wasser

Das Fleisch an der Oberfläche hier und da mit kleinen Einschnitten versehen. Salz, schwarzen Pfeffer, Thymian, Schalotten, Chilis, Knoblauch und Pickapeppa vermischen. Die Einschnitte mit dieser Mischung füllen. Zugedeckt über Nacht in den Kühlschrank stellen, damit sich die Aromen entfalten können.

Einen gußeisernen Topf erhitzen, dann Öl hineingeben und das Rindfleisch von allen Seiten scharf anbraten. $\frac{1}{2}$ Tasse Wasser dazugeben und zugedeckt köcheln lassen, dabei immer wieder etwas Wasser hinzufügen. Nach etwa $1\frac{1}{2}$ – 2 Stunden ist das Fleisch gar; man sollte dann mit der Gabel leicht hineinstechen können. Fäden durchschneiden und entfernen. Das Fleisch mit dem Bratensaft servieren. Ergibt 8–10 Portionen.

WÜRZIGE GEBRATENE LEBER

Winsome Warren, Jake's

Wer auf herkömmliche Art zubereitete Leber nicht mehr mag, sollte dieses jamaikanische Rezept probieren, das auf der Karibikinsel gerne zum Frühstück gegessen wird. Scotch-Bonnet-Chilischoten und Pickapeppa-Soße verleihen diesem Gericht eine feurige Note. ☺☺☺

1200 g Kalbsleber, gewürfelt
1 große Zwiebel, zerstoßen
3 Tomaten, gehackt
3 Schalotten, gehackt
1 Scotch-Bonnet oder andere Chilischote, entkernt und fein gehackt
1 EL gehackter Knoblauch
2 Zweige frischer Thymian
2 EL Pickapeppa-Soße
1 EL dunkle Sojasoße
Salz und frisch gemahlener schwarzer Pfeffer
$^1/_4$ Tasse Pflanzenöl
$^1/_2$ Tasse trockener Rotwein

Leber in einer Glasschüssel mit allen übrigen Zutaten, außer dem Pflanzenöl und dem Wein, vermischen. Zugedeckt 1 Stunde im Kühlschrank marinieren lassen.

Öl in einer tiefen Pfanne erhitzen. Die Leber portionsweise darin anbräunen. Wenn alle Leberstücke angebräunt sind, diese wieder in die Pfanne geben und auch die Gemüse aus der Marinade hinzufügen; die Pfanne zudecken. Hitze reduzieren und etwa 1 Stunde köcheln lassen. 20 Minuten vor Ende der Kochzeit den Wein unterrühren. Ergibt 6 Portionen.

GEDÖRRTES SCHWEINEFLEISCH (JERK)

Dave Parker, Grand Lido Sans Souci

Ursprünglich war die Jerk-Zubereitungsart auf Schweinefleisch beschränkt, aber heute werden auch andere Fleischsorten sowie Hühnchen, Fisch und Garnelen auf diese Weise zubereitet. ⊙⊙

1/3 Tasse Pimentbeeren
7 Schalotten, gehackt
3 Scotch-Bonnet- oder andere Chilischoten, gehackt
3 Knoblauchzehen
4 Zweige frischer Thymian
5 frische Lorbeerblätter
Salz und frisch gemahlener schwarzer Pfeffer
10 dicke Schweinekoteletts

Für die Jerk-Paste Pimentbeeren in einem kleinen Topf 5 Minuten bei mittlerer Hitze erhitzen, dann zu Pulver zerstoßen. Alle übrigen Zutaten, bis auf das Schweinefleisch, dazugeben und zu einer Paste zerdrücken. Schweinefleisch abwaschen und trockentupfen. Die Paste auf das Fleisch streichen und zugedeckt mindestens 1 Stunde oder über Nacht im Kühlschrank marinieren lassen.

Den Grill auf mittlere Hitze vorheizen. Kohlen auf die Seite schieben und Schweinefleisch in die Mitte legen, so daß es von der indirekten Hitze der Kohlen gegart wird. Fleisch etwa 1 Stunde (oder bis es in der Mitte nicht mehr rosa ist) braten, dabei immer wieder wenden, damit es gleichmäßig gart. Wer möchte, kann noch zusätzliche Pimentbeeren oder Lorbeerblätter auf die Kohlen geben, damit der Rauch aromatischer wird. Ergibt 10 Portionen.

Tip: Wie auf dem Foto zu sehen ist, kann man auch Jerk-Hühnchen und Jerk-Wurst mit denselben Gewürzen und derselben Grillmethode wie hier beschrieben zubereiten. Hühnchen wird 40–45 Minuten gegrillt, Wurst 20–30 Minuten. Für eine schmackhafte **Soße** bereitet man die Jerk-Marinade wie oben angegeben zu, gibt aber noch 3 EL geriebenen Ingwer dazu. Das Ganze mit 3 Tassen Wasser aufkochen. 3 EL Stärkemehl in etwas Wasser auflösen und die Soße damit binden. Separat servieren.

BRATHÄHNCHEN MIT THYMIAN

Norma Shirley, Norma at the Wharfhouse

Norma Shirley verwendet für dieses herrliche Rezept eine besonders kleinwüchsige Hähnchenart, die auf Jamaika gezüchtet wird. Sie können aber auch Wachteln oder kleine Brathähnchen verwenden. ⏱⏱

2 kleine Hähnchen
2 frische Limonen, in Scheiben geschnitten
1 kleine Zwiebel
3 Knoblauchzehen
1 TL frische Thymianblätter
Salz und frisch gemahlener schwarzer Pfeffer
3 EL Mais- oder Pflanzenöl
1 EL Zuckerrohressig (oder anderer Essig)
1 TL Senf
Ein Spritzer Zitronen- oder Limonensaft
½ Tasse trockener Weißwein
1 Süßkartoffel, in Scheiben geschnitten und angebraten (wahlweise)
8 große Schalotten, gebraten (wahlweise)
Frische Thymianzweige

Hähnchen unter fließendem kaltem Wasser abwaschen, trockentupfen und dann gründlich mit den Limonenscheiben einreiben. Abspülen. Zwiebeln, Knoblauch, Thymian, Salz, Pfeffer, Öl, Essig, Senf und Zitronen- oder Limonensaft im Mixer verarbeiten, bis die Zwiebel zerkleinert ist. Hähnchen mit der Zwiebelmischung einreiben und im Kühlschrank mindestens 2 Stunden, am besten aber über Nacht marinieren.

Ofen auf 200°C vorheizen. Hähnchen in eine Bratpfanne legen und 15 Minuten braten. Hitze auf 180°C reduzieren und noch etwa 20 Minuten braten, bis der Fleischsaft klar ist.

Für die Soße Bratensaft in der Pfanne mit Wein ablöschen und dabei umrühren. Hähnchen auf einer Platte anrichten. Nach Belieben mit Süßkartoffeln, Schalotten und tropischen Früchten servieren und mit den Thymianzweigen garnieren. Ergibt 2 Portionen.

HÄHNCHEN MIT INGWER UND TAMARINDE &
REIS UND BOHNEN

HÄHNCHEN MIT INGWER UND TAMARINDE

Es hat lange gedauert, bis jemand zwei der beliebtesten Zutaten Jamaikas – Ingwer und Tamarinde – in einem Gericht kombiniert hat. Tamarindennektar ist in asiatischen oder Karibik-Läden fast überall auf der Welt erhältlich. ☽

> 2 kg Hähnchenteile
> Saft einer Zitrone oder Limone
> 1/4 Tasse Pflanzenöl
> 3 Knoblauchzehen, durchgepreßt
> 2 mittelgroße Zwiebeln, in Scheiben
> 1 EL geriebener Ingwer
> 2 Tassen Tamarindennektar
> 1 Tasse Wasser
> Salz und frisch gemahlener schwarzer Pfeffer

Hähnchen mit Zitronen-/Limonensaft einreiben. Öl in einem gußeisernen Topf bei mittlerer Hitze erhitzen und Hühnchenteile portionsweise leicht anbräunen. Dann herausnehmen, Hitze etwas reduzieren und Knoblauch und Zwiebeln in den Topf geben. Kochen, bis die Gemüse etwas Farbe angenommen haben. Ingwer unterrühren.

Tamarindennektar und Wasser dazugießen und dann mit Salz und schwarzem Pfeffer abschmecken. Hähnchenteile erneut in den Topf geben, aufkochen, zudecken und Hitze reduzieren. Etwa 1 Stunde köcheln lassen, bis das Fleisch zart ist. Ergibt 6–8 Portionen.

REIS UND BOHNEN

Dieses traditionelle Gericht wird auf Jamaika immer noch *Coat of Arms* (Wappen) genannt, obwohl sich allmählich der schlichtere Name *Rice and Peas* durchsetzt. Das Rezept ist vermutlich spanischen Ursprungs und geht auf die Moros y Cristianos (Mauren und Christen) zurück. Das Gericht wird auch auf Kuba, Puerto Rico und anderen karibischen Inseln serviert. Das Rezept ist auf den Seiten 81 und 89 abgebildet. ☽☽☽

> 1 Tasse getrocknete Kidney-Bohnen, über
>   Nacht eingeweicht
> 4 Tassen Kokosmilch (S. 40)
> 1 Knoblauchzehe, durchgepreßt
> 2 Schalotten, fein gehackt
> 1 Zweig frischer Thymian, fein gehackt oder
>   1/2 TL getrockneter Thymian
> 3 Tassen ungekochter Reis
> 2 1/2 Tassen Wasser
> 2 TL Salz
> 1 EL Zucker

Eingeweichte Bohnen abtropfen lassen und mit der Kokosmilch in einen mittelgroßen Topf geben. Bei mittlerer Hitze ungefähr 1 Stunde zugedeckt kochen, bis die Bohnen zart, aber nicht matschig sind. Alle übrigen Zutaten hinzufügen. Zugedeckt etwa 15 Minuten kochen, bis der Reis die ganze Flüssigkeit aufgesogen hat. Ergibt 8–12 Portionen.

HÜHNERFRIKASSEE

Norma Shirley, Norma at the Wharfhouse

Auf Jamaika wird Hähnchen am liebsten als Frikassee zubereitet. Dieses ist eines von vielen unterschiedlichen Rezepten für dieses Gericht. Reis eignet sich hervorragend als Beilage. Auf Jamaika wird Reis mit $\frac{1}{2}$ – 1 Scotch-Bonnet-Chilischote gekocht, um den Geschmack zu verbessern, und etwas Gelbwurz sorgt für eine schöne gelbe Farbe. 🕐🕐

1 Hähnchen (ca. 1,5 kg), zerteilt
1 EL Salz
1 TL Zucker
1 TL schwarzer Pfeffer
1 Scotch-Bonnet- oder andere Chilischote, gehackt
4 Knoblauchzehen, durchgepreßt
3 Schalotten, fein gehackt
2 frische Thymianzweige
2 EL Pflanzenöl
2 große Zwiebeln, gehackt
2 Tassen Hühnerbrühe (S. 39) oder Wasser
1 EL Pickapeppa-Soße
1$\frac{1}{2}$ EL Ketchup
200 g Kartoffeln, geschält und gehackt
100 g Karotten, geschält und gehackt
1 mittelgroße Cho-cho, gewaschen und gehackt

Hähnchen mit Salz, Zucker, Pfeffer, Chilis, Knoblauch Schalotten und Thymian würzen. Öl in einem gußeisernen Topf bei mittlerer Hitze erhitzen und Hähnchenteile von beiden Seiten anbraten. Zwiebeln dazugeben und anschwitzen, bis sie leicht gebräunt sind. Brühe oder Wasser, Pickapeppa-Soße und Ketchup hinzufügen. Aufkochen, dann Hitze reduzieren und zugedeckt 15 Minuten kochen lassen. Gemüse dazugeben und offen 20 Minuten köcheln lassen, bis das Hähnchenfleisch und die Gemüse gar sind; dabei ab und zu umrühren. Mit dem heißen Fleischsaft und Reis servieren. Ergibt 4–6 Portionen.

HÜHNER-ROTI

James Palmer, Strawberry Hill

Dieses Gericht stammt von der indischen Bevölkerung der Insel. *Roti* ist ein indisches Brot, das mit den verschiedensten Currys gefüllt wird. Hier eines der besten Rezepte. ☺☺☺

Hühnercurry

$^1/_4$ Tasse Pflanzenöl
1 mittelgroße Zwiebel, gehackt
4 Knoblauchzehen, durchgepreßt
1 Chilischote, am besten Scotch Bonnet, entkernt und gehackt
1 Hähnchen (ca. 1 kg), zerteilt
6 EL Currypaste oder 3 EL Currypulver (S. 40)
4 Tassen Wasser
Scharfe karibische Soße oder sonstige Chilisoße

Roti-Brot

3 Tassen Mehl
3 EL Backpulver
$^1/_2$ TL Salz
1 Tasse Wasser
Pflanzenöl

Öl bei mittlerer Temperatur in einem großen Topf erhitzen. Gemüse dazugeben und etwa 5 Minuten anschwitzen, bis sie weich sind, dann Hähnchenteile hinzufügen. Currypaste unterrühren und 3 Minuten kochen, dabei ab und zu umrühren. Wasser und scharfe Chilisoße nach Geschmack dazugießen. Hitze reduzieren und zugedeckt etwa 45 Minuten kochen lassen, bis das Fleisch weich ist, dabei den Deckel während der letzten 15 Minuten abnehmen, damit die Soße eindicken kann.

Hähnchenteile herausnehmen und alle Knochen entfernen. Soße weiter einkochen lassen, bis sie sämig ist, dann das Fleisch wieder in den Topf geben. Umrühren, damit alles gut durchwärmt wird.

Für das *Roti*-Brot Mehl, Backpulver und Salz in eine Schüssel sieben. Dann das Wasser dazugießen und alles gründlich vermengen. Teig kneten, bis er glatt und geschmeidig ist, dann 30 Minuten stehen lassen. Den Teig nochmals kneten und in 4 Kugeln aufteilen. Auf ein bemehltes Brett setzen und so dünn wie möglich ausrollen. Jede Teigplatte sollte einen Durchmesser von 20–25 cm haben.

Den Boden einer Pfanne mit etwas Öl einstreichen und bei mittlerer Temperatur erhitzen. *Roti*-Brot hineinlegen, zudecken und etwa $1^1/_2$ Minuten auf jeder Seite braten, dabei auf jede Seite ein paar Tropfen Öl träufeln. *Roti* vorsichtig aus der Pfanne nehmen und auf Küchenpapier abtropfen lassen.

Das Hühnercurry auf das Brot löffeln, dieses zusammenklappen und warm servieren. Dazu die scharfe Soße reichen. Ergibt 6–8 Portionen.

Tip: Hühner-Roti schmeckt gut mit Avocado-, Tomaten- und Gurkenscheiben. Auf Jamaica träufelt man oft Limonensaft auf die Gemüse, damit sich deren Geschmack besser entfaltet.

I-TAL-VIER-BOHNEN-SALAT &
I-TAL-GEMÜSEEINTOPF

James Palmer, Strawberry Hill

Diese einfachen und preiswerten Gerichte sind Beispiele aus der vegetarischen Küche der Rastafaris. ☾☾

I-TAL-VIER-BOHNEN-SALAT

1 Tasse gekochte dicke Bohnen
1 Tasse gekochte oder eingedoste Kidney-Bohnen
1 Tasse gekochte oder eingedoste grüne Bohnen
1 Tasse gekochte oder eingedoste gelbe Wachsbohnen
$^3/_4$ Tasse frischer Limonensaft
Frische Minzeblätter

Die Bohnen in einer großen Schüssel vermischen. Limonensaft darübergießen und vorsichtig umrühren, damit die Bohnen gleichmäßig vom Limonensaft überzogen werden. Zugedeckt mindestens 2 Stunden im Kühlschrank ziehen lassen. Mit den Minzeblättern garnieren und servieren. Ergibt 6 Portionen.

I-TAL-GEMÜSEEINTOPF

2 große Tomaten, gehackt
2 Kartoffeln, geschält und in Stücke geschnitten
1 Süßkartoffel, geschält und in Stücke geschnitten
3 mittelgroße Karotten, geschält und in Scheiben geschnitten
2 mittelgroße Zwiebeln, gehackt
2 Tassen gewaschener und gehackter Bok Choy oder Callaloo
2 Schalotten, gehackt
6 Tassen Gemüsebrühe oder Wasser
1 TL frischer gehackter Thymian

Alle Gemüse in einen großen Topf geben, dann Brühe und Thymian hinzufügen. Bei starker Hitze aufkochen, Hitze auf mittlere Stärke reduzieren und etwa 20 Minuten kochen, bis die Kartoffeln weich sind. Ergibt 6 Portionen.

SPINATSALAT MIT BROTFRUCHT-CHIPS

Terra Nova

Diese Kombination von Spinatsalat und gebratenen oder gebackenen Brotfrucht-Chips ist eine großartige Ouvertüre für ein jamaikanisches Mahl. Dieses Gericht wird Sie davon überzeugen, daß die Brotfrucht ein hervorragender Ersatz für Kartoffeln ist.
🕐🕐🕐

Spinatsalat

    400 g frischer Blattspinat
    1 TL Salz
    6 Schalotten, in feine Scheiben geschnitten
    2 EL Zitronensaft
    2 EL Olivenöl
    Gebratene weiße Zwiebeln als Garnierung

Brotfrucht-Chips

    1 grüne bis halbreife Brotfrucht
    Stark gesalzenes Wasser
    Pflanzenöl zum Fritieren

Den Spinat waschen und harte Stiele entfernen. Abtropfen lassen und trockentupfen. Spinat in große Stücke zerpflücken und in einen großen flachen Topf geben. Mit Salz bestreuen und 15 Minuten stehen lassen. Abtropfen lassen, fest ausdrücken und dann in eine Salatschüssel geben. Schalotten, Zitronensaft und Olivenöl hinzufügen. Vorsichtig umrühren. Mit den gebratenen Zwiebeln garnieren.

Brotfrucht schälen, vierteln und das Kerngehäuse entfernen. Der Länge nach in dicke Schnitze schneiden und 1 Stunde in Salzwasser einweichen. Mit Küchentüchern trockentupfen und im auf 190°C erhitzten Öl portionsweise goldbraun fritieren. Gründlich abtropfen lassen. Eventuell leicht salzen. Ergibt 6 Portionen.

Tip: Die Brotfrucht-Chips kann man auch backen. Nach dem Einweichen im auf 195°C vorgeheizten Ofen backen, bis sie durch sind.

CALLALOO-QUICHE

Good Hope

Callaloo, das köstliche grüne Gemüse Jamaikas, verleiht diesem klassischen europäischen Gericht eine karibische Note. Kochen Sie den Callaloo für dieses Rezept wie Spinat: kurz in kochendem Wasser mit einer Prise Salz blanchieren. ◷◷

120 g Cheddarkäse
1 Kuchenboden (S. 40), ca. 22 cm
   Durchmesser, ungebacken
1 mittelgroße Zwiebel, gehackt
1 EL Butter oder Margarine
3 große Eier, leicht verquirlt
2 Tassen Milch
300 g gekochter Callaloo
2 Scotch-Bonnet- oder andere Chilischoten, ent-
   kernt und gehackt
1/2 TL Salz
Eine Prise frisch gemahlener schwarzer Pfeffer
1 rote Paprikaschote, in Streifen geschnitten

Ofen auf 220°C vorheizen. Die Hälfte des Käses auf den Kuchenboden streuen. In einem kleinen Topf Zwiebeln in der Butter anschwitzen, bis sie weich sind, dann Eier, Milch, gekochten Callaloo, Chilischoten, Salz und Pfeffer unterrühren. Mischung auf den Kuchenboden gießen und mit dem restlichen Käse bestreuen. Die Oberfläche mit den roten Paprikastreifen garnieren. 30–35 Minuten backen; wenn man in der Mitte mit einem Messer einsticht, sollte nichts haften bleiben. Ergibt 6–8 Portionen.

TAHITI-ÄPFEL IN WEIN POCHIERT

Norma Shirley, Norma at the Wharfhouse

Dies ist die tropische Variante eines klassischen europäischen Deserts. Das köstliche Aroma der Tahiti-Äpfel mit ihrem zarten Fruchtfleisch und der Wein ergänzen sich wunderbar. ♪♪

6 geschälte Tahiti-Äpfel
3 Tassen Wasser
1 Tasse trockener Rotwein
1½ Tassen Zucker
1 Zimtstange
Schale einer Limone
Schale einer Orange

Kokosnußcreme
Kokosmilch (S. 40)

Für die **Kokosnußcreme** Kokosmilch, wie auf Seite 40 beschrieben, zubereiten, dabei 1 Tasse kaltes Wasser statt 2 Tassen kochendes Wasser verwenden. Kokosmilch über Nacht in den Kühlschrank stellen, damit die Creme an die Oberfläche steigen kann. Am nächsten Tag Creme von der Milch abschöpfen und das restliche Wasser wegschütten.

Tahiti-Äpfel in einen großen Topf legen. Die übrigen Zutaten, bis auf die Creme, dazugeben und bei starker Hitze aufkochen. Hitze reduzieren und 8–10 Minuten köcheln lassen, bis das Fruchtfleisch gegart, aber noch fest ist. Die Äpfel aus dem Sirup nehmen und in eine große Schale legen. Sirup weiterkochen, bis er leicht eingedickt ist. Abkühlen lassen und über die Äpfel gießen. Im Kühlschrank kalt stellen und dann mit der Kokoscreme servieren. Ergibt 6 Portionen.

Tip: Man kann auch eingedoste Kokosnußcreme statt der frischen verwenden.

KOCHBANANEN-GEBÄCK
Clifton Wright, Grand Lido Negril

Obwohl Kochbananen an übergroße Bananen erinnern, serviert man sie meist als Gemüse und nicht als Obst. Hier werden sie jedoch gesüßt, gewürzt und als Füllung für Törtchen verwendet. ② ②

Teig

> 1 Tasse Margarine
> 2 Tassen Mehl
> 1 TL gemahlener Zimt
> $^1/_4$ TL frisch geriebene Muskatnuß
> $^1/_4$ TL Salz
> Etwa 2 EL Eiswasser

Füllung

> 1 Tasse zerdrückte, sehr reife Kochbananen
> $^1/_2$ Tasse Zucker
> 1 EL ungesalzene Butter
> $^1/_2$ TL frisch geriebene Muskatnuß
> 1 TL Vanilleextrakt
> 1 EL Rosinen

Kochbananen–Gebäck (rechts). Tie-a-Leaf (links, Rezept auf S. 127) erhält seine Form von den Bananenblättern, in denen es gegart wird.

Für den Teig die Margarine in Stücken und 1 Tasse Mehl in eine mittelgroße Schüssel geben und zerbröseln. Restliche Tasse Mehl, Zimt, Muskatnuß und Salz hinzufügen, dann wieder zerbröseln, bis die Mischung an Brotbrösel erinnert. Nur soviel Eiswasser dazugießen, daß ein fester Teig entsteht. Teig in Plastikfolie wickeln und 1 Stunde in den Kühlschrank legen, bis er fest ist.

Für die Füllung Kochbananen, Zucker und Butter in einen mittelgroßen Topf geben. Bei mittlerer Hitze kochen, bis alles gut vermischt und die Butter zerschmolzen ist. Hitze reduzieren. Muskatnuß, Vanilleextrakt und Rosinen unterrühren. Füllung abkühlen lassen.

Ofen auf 230°C vorheizen. Teig auf einer leicht bemehlten Arbeitsfläche 3 mm dick ausrollen. Teigquadrate oder -kreise mit einem Durchmesser von 10 cm ausschneiden und jeweils 1$^1/_2$ TL der Füllung in die Mitte setzen. Teigstücke zusammenklappen und an den Rändern mit einer Gabel festdrücken.

Das Gebäck auf ein Backblech legen. Die Teilchen oben mit einer Gabel einstechen und etwa 15 Minuten backen, bis sie leicht gebräunt sind. Ergibt etwa 40 Stück.

BANANENBROT & FRITIERTE BANANEN

Good Hope

BANANENBROT

Brote werden in der Karibik oft als Desserts gereicht. Bei diesem Rezept wird die Süße reifer Bananen mit knusprigen Erdnüssen kombiniert. Ein wunderbarer Abschluß für ein Abendessen oder ein Snack für den Nachmittagstee. ◷◷

> 100 g ungesalzene Butter, weich
> $\frac{1}{2}$ Tasse brauner Zucker
> 3 große Eidotter
> 2 Tassen Mehl
> 1 TL gemahlene Nelken
> 1 EL Backpulver
> $\frac{1}{8}$ TL Salz
> 2 sehr reife Bananen, zerdrückt (1 Tasse)
> 1 TL Vanilleextrakt
> $\frac{1}{2}$ Tasse gehackte Erdnüsse

Bananenbrot (rechts) und fritierte Bananen (links)

Ofen auf 160°C vorheizen. Eine 22 x 12 cm große Form einfetten und beiseite stellen. Butter und Zukker in einer Schüssel schaumig rühren. Eidotter dazugeben und gut vermengen. In eine andere Schüssel Mehl, Nelken, Backpulver und Salz sieben. Die zerdrückten Bananen mit Vanilleextrakt in einer kleinen Schüssel verrühren, dann abwechselnd mit den gesiebten, trockenen Zutaten zu der Ei-Butter-Mischung geben. Teig leicht rühren, bis alles vermengt ist, dann die Erdnüsse unterheben. Teig in die Form geben und 1 Stunde im Ofen backen. Wenn man mit einem Zahnstocher in die Mitte sticht, darf nichts mehr haften bleiben.

Brot 10 Minuten auf einem Kuchengitter abkühlen lassen. Aus der Form nehmen und ganz auskühlen lassen, bevor man es in Scheiben schneidet. Ergibt 12 Portionen.

FRITIERTE BANANEN

Nur wenige Desserts sind schneller zubereitet und so lecker wie diese fritierten Bananen. ◷

> $\frac{1}{3}$ Tasse Mehl
> $\frac{1}{2}$ TL Backpulver
> 1 Prise Salz
> 4 reife Bananen, geschält
> 1 TL Limonensaft
> 1 großes Ei
> 3 EL Zucker
> $\frac{1}{4}$ Tasse Pflanzenöl zum Fritieren
> Puderzucker

Mehl, Backpulver und Salz in einer kleinen Schüssel vermischen. Bananen in einer mittelgroßen Schüssel zerdrücken und den Limonensaft unterrühren. Ei und Zucker in einer großen Schüssel verrühren, Bananen und dann die Mehlmischung unterheben. Öl in einer großen Pfanne auf 190°C erhitzen. Einige gehäufte Löffel Teig vorsichtig in das heiße Öl fallen lassen. Braun und knusprig fritieren und dann auf Küchenpapier abtropfen lassen. Mit dem restlichen Teig ebenso verfahren. Die fritierten Bananen vor dem Servieren mit Puderzucker bestäuben. Ergibt 6 Portionen.

TROPISCHE FRUCHTMOUSSE & SÜSSKARTOFFELBROT

Dennis McIntosh, Ciboney

TROPISCHE FRUCHTMOUSSE

Aus fast jeder tropischen Frucht läßt sich eine köstliche Mousse herstellen – ein leichtes, erfrischendes Dessert. Bei diesem Rezept ergibt die Kombination von Ananas und Mango einen unwiderstehlichen Geschmack. ☉

6 EL Maisstärke
1 Tasse ungesüßter Ananassaft
1 Tasse Mangonektar
$1/2$ Tasse Zucker (oder nach Geschmack)
Eiweiß von 6 großen Eiern
$1/8$ TL Salz

Zwei süße Inseldesserts: tropische Fruchtmousse (links) und Süßkartoffelbrot.

Maisstärke in etwas Ananassaft auflösen. Den restlichen Saft in einen großen Topf gießen und nach Geschmack mit Zucker süßen. Aufgelöste Maisstärke unterrühren und aufkochen. Etwa 5 Minuten leicht kochen lassen, dabei ständig umrühren, bis die Mischung sämig wird. Ganz abkühlen lassen.

Eiweiß mit Salz steif schlagen. Vorsichtig unter die abgekühlte Saftmischung heben. In 6 Schälchen oder Förmchen füllen. Im Kühlschrank kalt werden lassen. Ergibt 6 Portionen.

SÜSSKARTOFFELBROT

Jamaikaner lieben alle Gerichte, die aus Süßkartoffeln zubereitet werden. Dieses Dessert hat afrikanische Ursprünge. ☉

800 g Süßkartoffeln, geschält und in Scheiben geschnitten
2 TL brauner Zucker
$1/4$ Tasse Butter
$1/3$ Tasse Orangensaft
2 große Eier, getrennt
$1/2$ Tasse dunkler Rum
$1/4$ TL Salz

Süßkartoffelscheiben 20 Minuten in kochendem Wasser garen, bis sie weich sind. Abtropfen lassen und mit dem braunen Zucker und der Butter zerdrücken. Orangensaft unterrühren. Eigelb leicht verquirlen und zusammen mit dem Rum unter die Mischung heben.

Ofen auf 180°C vorheizen. Eine flache runde Kuchenform einfetten. Eiweiß mit Salz steif-, aber nicht trockenschlagen. Eischnee vorsichtig unter die Kartoffelmischung heben. In die Form geben und 30 Minuten backen; wenn man mit einem Messer in die Mitte sticht, sollte nichts haften bleiben. Ergibt 6–8 Portionen.

GIZADAS & KOKOSNUSSHAPPEN

Clifton Wright, Grand Lido Negril

GIZADAS

Dieses Gebäck ist eine der einfachsten und besten karibischen Süßspeisen. Gizadas können als Dessert gereicht werden; sie schmecken aber auch als süßer Snack. ◷

1 große Kokosnuß, geraspelt
1/3 Tasse brauner Zucker
1/2 TL frisch geriebene Muskatnuß
1 Kuchenteig (Rezept auf S. 41)

Ofen auf 195°C vorheizen. Backblech einfetten. Kokosnuß, braunen Zucker und Muskatnuß in einer mittelgroßen Schüssel vermischen. Kleine Stücke des Kuchenteigs zu Kreisen von 7,5 cm Durchmesser ausrollen. Rand nach oben biegen, dann die Kokosnußfüllung hineingeben. Auf das Backblech setzen und etwa 20 Minuten goldbraun backen. Auf einem Kuchengitter abkühlen lassen. Ergibt 6–8 Portionen.

KOKOSNUSSHAPPEN

Diese süße Köstlichkeit besteht aus Kokosnuß, braunem Zucker und Ingwer. ◷◷◷

2 Tassen Wasser
2 Tassen ungesüßte Kokosraspeln
1 EL fein geriebener Ingwer
2 Tassen brauner Zucker
1/4 Tasse Pecannüsse oder Erdnüsse, grob gehackt

Backblech einfetten. Wasser in einem gußeisernen Topf aufkochen und Kokosraspeln und Ingwer hineingeben. Hitze reduzieren und Kokosnuß 15 Minuten kochen. Langsam den Zucker hinzufügen, dabei umrühren, damit er sich auflöst. Die Mischung bei großer Hitze 20–30 Minuten kochen, bis sie dick und klebrig ist. Dabei häufig umrühren. Die Mischung ist fertig, wenn man einen Tropfen davon in ein Glas kaltes Wasser gibt und sich eine Kugel bildet. Hitze ausschalten und Nüsse unterrühren.

Häufchen der Mischung mit einem Teelöffel auf das vorbereitete Backblech tropfen und auskühlen lassen. Ergibt ca. 20 große Kokoshappen.

Diese beiden Kokosnußsüßig-keiten, Gizadas (links) und Kokosnußhappen sind besonders bei den Kindern Jamaikas sehr beliebt.

TOTOES & INGWERBROT

Dennis McIntosh, Ciboney

TOTOES

Wenn Sie Kinder mit Süßigkeiten der Karibik verwöhnen möchten, dann sollten Sie ihnen diese köstlichen Totoes anbieten, die auch bei jamaikanischen Kindern sehr beliebt sind. 🕐🕐

2 Tassen Mehl
2 TL Backpulver
1 TL gemahlener Zimt
1/2 TL geriebene Muskatnuß
1/4 Tasse ungesalzene Butter, weich
1/2 Tasse weißer Zucker
1/2 Tasse brauner Zucker
1 großes Ei, verquirlt
2 EL Vanilleextrakt
Etwa 1/2 Tasse Milch

Ingwerbrot (links), Totoes (Mitte) und ein großes Gizada-Törtchen (Rezept auf S.112).

Ofen auf 195°C vorheizen. Runde Form mit ca. 20 cm Durchmesser einfetten.

Mehl, Backpulver, Zimt und Muskatnuß in einer kleinen Schüssel vermischen.

In einer großen Schüssel Butter mit dem Zucker schaumig rühren. Eier und Vanilleextrakt dazugeben und gut vermengen. Langsam die trockenen Zutaten und soviel Milch unterrühren, daß ein geschmeidiger Teig entsteht. Den Teig in die vorbereitete Form streichen. 30–35 Minuten goldbraun backen. Abkühlen lassen, dann in 9 Quadrate schneiden (Reste in einem luftdichten Behälter aufbewahren). Ergibt 9 Stück.

INGWERBROT

Die Engländer, die Ingwer in Asien kennengelernt hatten, aßen auf den karibischen Inseln leidenschaftlich gerne Ingwerbrot. 🕐

1/2 Tasse Melasse
1 Tasse Zucker
1/2 Tasse Butter
1/2 Tasse heißes Wasser
2 Tassen Mehl
2 TL Backpulver
1/2 TL Salz
1 TL frisch geriebene Muskatnuß
2 TL frisch geriebener Ingwer
1 großes Ei, verquirlt

Ofen auf 150°C vorheizen. Kastenform (etwa 22 cm) einfetten und mit Backpapier auslegen. Melasse, Zucker und Butter bei niedriger Hitze langsam in einem mittelgroßen Topf erhitzen und umrühren, bis die Butter geschmolzen ist. Das heiße Wasser dazugießen und den Topf beiseite stellen.

Mehl, Backpulver, Salz und Muskatnuß in eine Schüssel sieben. Ingwer und Ei unterrühren. Melassemischung unterheben und gut umrühren. Teig in die vorbereitete Form geben und 1 Stunde im Ofen backen. Wenn man mit einem Zahnstocher in die Mitte sticht, darf nichts haften bleiben. Auf einem Kuchengitter etwas abkühlen lassen, dann in Quadrate schneiden und warm servieren. Ergibt 9 Stück.

TROPISCHE FRUCHT- UND GEMÜSESÄFTE

Norma Shirley, Norma at the Wharfhouse

Eine Auswahl köstlicher, exotischer Säfte. Von links nach rechts: Limonenblättertee, Ananas-Ingwer-Drink, jamaikanische Limonade, Fruchtpunsch, Tamarinden-Drink, Tahiti-Apfel-Drink, zwei Gläser Karotten-Drink, Rote-Bete-Drink und Saure-Anonen-Drink.

FRUCHTPUNSCH

Auf Jamaika verwendet man Erdbeersirup zum Süßen, aber Zucker eignet sich auch. ⏲

6 Tassen Orangensaft
2 Tassen Ananassaft
1 Tasse Guavennektar
1–2 große Mangos, geschält, in Stücke geschnitten
2 kleine Papayas, geschält, in Stücken
Saft von 2 Limonen
3–4 reife Bananen
Erdbeersirup (wahlweise)

Alle Zutaten vermischen, über Eis gießen und mit Fruchtscheiben garnieren. Ergibt 10 Portionen.

KAROTTEN-DRINK ⏲

2 Tassen gewürfelte Karotten
2 Tassen Wasser
1 Tasse Kondensmilch
7 EL Zucker
¼ TL geriebene Muskatnuß
1 TL Vanilleextrakt
4 Eiswürfel

Karotten und Wasser in einem Mixer 30 Sekunden vermischen. Flüssigkeit durch ein Sieb schütten und Mixer auswaschen. Karottensaft mit den übrigen Zutaten wieder hineingeben und mixen, bis er dicklich wird. Zugedeckt in den Kühlschrank stellen, bis er gut gekühlt ist, dann servieren. Ergibt 6 Portionen.

ROTE-BETE-DRINK ⏲

2 Tassen Wasser
1 Tasse gewürfelte rote Bete
2 EL Kondensmilch
¼ TL geriebene Muskatnuß
3 Eiswürfel

Wasser und rote Bete im Mixer sehr fein hacken. Flüssigkeit durch ein Sieb gießen, Mixer auswaschen und den Saft mit den übrigen Zutaten wieder in den Mixer geben. 10 Sekunden mixen. Zugedeckt in den Kühlschrank stellen, bis der Saft gut gekühlt ist. Auf zerstoßenem Eis servieren. Ergibt 4 Portionen.

TAHITI-APFEL-DRINK ⏲

1 Tasse Zucker oder nach Geschmack
1 Liter Wasser
15 g geriebener Ingwer
12 reife Tahiti-Äpfel, gehackt
Saft von 2 Limonen

Zucker, Wasser, Ingwer und Äpfel in einer großen Schüssel vermischen und mit Limonensaft beträufeln. Mischung in einen Mixer geben und gründlich mixen. Gekühlt oder über zerstoßenem Eis servieren. Jeweils mit einer Apfelscheibe garnieren. Ergibt 8 Portionen.

JAMAIKANISCHE LIMONADE ⏱

3 EL Zucker
600 ml Wasser
Saft von 2 Limonen
Zerstoßenes Eis

Zucker und Wasser in einen Krug geben, dann den Limonensaft zugießen. Umrühren und mit zerstoßenem Eis servieren. Für 2–3 Personen.

TAMARINDEN-DRINK ⏱

4 Tassen geschälte Tamarinden
8 Tassen Wasser
Zucker
Zerstoßenes Eis

Tamarinden und Wasser vermischen und die Mischung zwischen den Fingern rubbeln, damit sich das Fruchtfleisch von den Kernen löst. Flüssigkeit durch ein Sieb gießen und nach Geschmack mit Zucker süßen. Zugedeckt im Kühlschrank kalt stellen. Falls die Flüssigkeit zu dick ist, vor dem Servieren mit Mineralwasser oder Tonic Water verdünnen. Auf zerstoßenem Eis servieren. Ergibt 8 Portionen.

Saure Anonen, Muskatnuß und Limonen sind Zutaten des Saure-Anonen-Drinks.

SAURE-ANONEN-DRINK

Manche Jamaikaner nennen diesen Drink *Nerve Juice*, da er die Nerven beruhigt, aber er ist auch einfach ein erfrischendes Getränk. Man kann die Kondensmilch weglassen und statt dessen etwas Zucker zum Süßen verwenden. Die Blätter der sauren Anone sollen Heilwirkung besitzen und werden bei Verstauchungen aufgelegt. ⏱

1 ganze saure Anone
Saft von 1–2 Limonen, je nach Größe der
  Anone
2–3 Tassen Wasser, je nach Größe der Anone
Kondensmilch nach Geschmack
2 EL weißer Rum
Frisch geriebene Muskatnuß

Anone schälen und mit dem Wasser in eine Schüssel geben. Mit den Fingern das Fruchtfleisch rubbeln, damit es sich von den Kernen löst, dann die Flüssigkeit durch ein Sieb gießen und mit den übrigen Zutaten in einen Mixer geben und vermischen, bis die Flüssigkeit glatt ist. Wenn die Mischung zu dick erscheint, noch etwas Wasser hinzufügen. Über zerstoßenes Eis gießen und mit etwas geriebener Muskatnuß garnieren. Ergibt 2–3 Portionen.

ANANAS-INGWER-DRINK

Bei diesem Getränk kann man sehr gut Ananasreste verwenden. ⏱

Schale einer frischen Ananas, zerkleinert
1 ca. 2¹⁄₂ cm großes Stück Ingwer, gerieben
3 Tassen kochendes Wasser
Zucker und zerstoßenes Eis

Ananasschale mit Ingwer in einen großen Behälter geben, das kochende Wasser darübergießen und über Nacht stehen lassen. Flüssigkeit durch ein Sieb gießen und dann nach Geschmack mit Zucker süßen. Zugedeckt im Kühlschrank kalt stellen. Über zerstoßenem Eis servieren. Ergibt 4 Portionen.

LIMONENBLÄTTERTEE

Ein köstlicher Tee, der nach dem Abendessen serviert wird. Man kann ihn aus allen Zitrusfruchtblättern – Orange, Zitrone oder Grapefruit – zubereiten. ⏱

12–16 Limonenblätter
4 Tassen Wasser

Limonenblätter in kaltem Wasser waschen. Wasser aufkochen, Limonenblätter dazugeben und 5–8 Minuten köcheln lassen. Tee durch ein Sieb in eine warme Teekanne gießen und mit Limonenscheiben (und falls gewünscht mit Zucker) servieren. Ergibt 4 Portionen.

ROSELLA-DRINK

Die roten Blüten der Rosella (*Hisbiscus sabdariffa*) sind für Drinks, Marmeladen und Gelees sehr beliebt. Sie werden auf Jamaika zur Weihnachtszeit frisch verkauft, sind aber getrocknet das ganze Jahr erhältlich. ⏱ ⏱ ⏱

30 g getrocknete Rosellablütenblätter
1 Stück Zimtstange, 8 cm groß
1 Stück getrocknete Orangenschale
6 ganze Gewürznelken
2 Tassen Zucker
2 Liter kochendes Wasser
¹⁄₂ Tasse mittelbrauner Rum
1 TL gemahlener Zimt
¹⁄₄ TL gemahlene Gewürznelken

Rosellablütenblätter mit der Zimtstange, der Orangenschale, den ganzen Nelken und dem Zucker in einen hitzebeständigen Krug geben. Kochendes Wasser darübergießen. Leicht zudecken und bei Zimmertemperatur 2–3 Tage ziehen lassen.

Abseihen, dann den Rum, gemahlenen Zimt und gemahlene Nelken hinzufügen. Zudecken und weitere 2 Tage in den Kühlschrank stellen. Durch ein feines Sieb, das mit einem Kuchentuch ausgelegt ist, gießen. In gekühlten Gläsern mit Eiswürfeln servieren. Ergibt 2 Liter.

TROPISCHE COCKTAILS

Grand Lido Negril

EINFACHER SIRUP

1 Tasse Wasser
1 Tasse Zucker

Zucker und Wasser zu gleichen Teilen in einen Topf geben und aufkochen, dabei umrühren, bis sich der Zucker aufgelöst hat. Abkühlen lassen und im Kühlschrank aufbewahren. Ergibt ca. 1 Tasse.

TROPISCHER FRUCHTPUNCH

60 ml Ananassaft
60 ml Orangensaft
60 ml Apfelsaft
60 ml Mangonektar
60 ml Erdbeersirup
1 Tasse Eiswürfel

Alle Zutaten mit den Eiswürfeln mixen und in zwei gekühlte Gläser gießen. Ergibt 2 Portionen.

YELLOW BIRD

2 EL Limonensaft
4 TL Zucker
$^2/_3$ Tasse Orangensaft
15 ml Tia Maria
50 ml Rum
15 ml Crème de Banane
150 ml Galliano
4 Eiswürfel

Alle Zutaten mixen und in ein 350 ml fassendes Collins-Glas gießen. Mit tropischen Früchten garnieren. Ergibt 1 Portion.

WODKA-SLUSH

$1^1/_4$ Tassen Limonensaft
60 ml einfacher Sirup (siehe diese Seite)
55 ml Wodka
2 Tassen Eis

Alle Zutaten auf hoher Stufe mixen, bis sie schaumig sind. In zwei gekühlte Gläser gießen und servieren. Ergibt 2 Portionen.

ERDBEER-DAIQUIRI

60 ml Erdbeersirup
60 ml Limonensaft
55 ml goldfarbener Rum
2 Tassen Eis

Alle Zutaten auf höchster Stufe im Mixer verquirlen, bis sie schaumig sind. In 2 Gläser gießen und servieren. Ergibt 2 Portionen.

WODKA COLLINS

55 ml Wodka
60 ml Limonensaft
60 ml einfacher Sirup (S. 120)
$\frac{1}{2}$ Tasse Eiswürfel
Sodawasser

Wodka, Limonensaft und Sirup mit den Eiswürfeln mixen. In 2 gekühlte Gläser gießen und mit Sodawasser auffüllen. Ergibt 2 Portionen.

PINK LADY

120 ml Kondensmilch
60 ml Erbeersirup
55 ml Gin
4 Eiswürfel

Alle Zutaten mixen und durch ein Sieb in 2 Gläser gießen. Mit kurzen Strohhalmen servieren. Ergibt 2 Portionen.

CARIBBEAN SKY

40 ml Blue Curaçao
2 Ananasscheiben
55 ml goldfarbener Rum
60 ml Limonensaft
60 ml einfacher Sirup (S. 120)
2 Tassen zerstoßenes Eis

Alle Zutaten auf hoher Stufe mixen, bis sie schaumig sind. In 2 gekühlte Gläser gießen und servieren. Ergibt 2 Portionen.

MANGO-DAIQUIRI

120 ml heller Rum
30 ml Curaçao
$\frac{1}{2}$ fein gehackte frische Mango
2 EL Limonensaft
1 EL Puderzucker
2 Tassen fein zerstoßenes Eis

Alle Zutaten in einen Mixer geben und auf hoher Stufe vermischen, bis sie fein püriert sind. In 2 gekühlte Gläser gießen und servieren. Ergibt 2 Portionen.

Zusätzliche Rezepte

SOLOMON GRUNDY

Diese schmackhafte Vorspeise, die ein jamaikanisches Festmahl einleiten kann, wird manchmal auch Salmagundi genannt. Das Rezept geht auf die britische Kolonialzeit zurück und wurde offenbar nach einem Herrn Solomon Grundy benannt. ☺ ☺ ☺

300 g eingelegte Heringe oder anderer eingelegter Fisch
$^1/_3$ Tasse Essig
2 TL gehackte Zwiebeln
8 Pimentbeeren
2 EL Pflanzenöl
30 runde Brotscheiben, je 4 cm Durchmesser
Butter
Paprikapulver
Gehackte, frische Petersilie

Hering in eine flache Schale legen. Mit Wasser bedecken und 8 Stunden in den Kühlschrank stellen. Fisch abtropfen lassen. In $1^1/_2$ cm große Stücke schneiden, in eine mittelgroße Schüssel geben.

Essig, Zwiebeln und Piment in einem kleinen Topf 1 Minute kochen, vom Herd nehmen und Öl beifügen. Über den Fisch gießen und zugedeckt 24 Stunden im Kühlschrank marinieren.

Brot toasten und mit Butter bestreichen. Fisch abtropfen lassen und auf jede Scheibe ein Stück Fisch legen. Mit Paprikapulver und gehackter Petersilie garnieren. Ergibt 30 Appetithäppchen.

HUMMERFLEISCH MIT REIS

Dieses spanisch und kreolisch beeinflußte Hummergericht könnte bald zu Ihren Lieblingsgerichten gehören. ☺ ☺ ☺

3 Hummer (400 g), gedämpft
$^1/_2$ Tasse Pflanzenöl
$^1/_2$ Tasse Zwiebeln, gehackt
$^1/_2$ Tasse grüne Paprikaschoten, gehackt
$^1/_3$ Tasse Stangensellerie, gehackt
$^1/_4$ Tasse Speck, gewürfelt
$^1/_4$ Tasse Tomatenmark
4 große Tomaten, enthäutet, entkernt und gewürfelt
1 Chilischote, am besten Scotch Bonnet, entkernt und fein gehackt
$^1/_2$ TL frischer Thymian
$^1/_2$ TL frisch gemahlener schwarzer Pfeffer
Salz
1 EL Wasser
Gekochter weißer Reis

Hummerfleisch aus der Schale lösen und mit der Hand in kleine Stücke zerpflücken. Bei mittlerer Temperatur in einer mittelgroßen Pfanne Öl erhitzen. Zwiebeln, Paprikaschoten, Sellerie und Speck dazugeben und etwa 5 Minuten anbraten, bis der Speck durch und die Gemüse weich sind. Tomatenmark, Hummer und Tomaten hinzufügen und 5 Minuten kochen, dabei ab und zu umrühren.

Chili, Thymian und schwarzen Pfeffer unterrühren und mit Salz abschmecken. Etwa 3 Minuten köcheln lassen, damit die Flüssigkeit eindickt. Auf Reis servieren. Ergibt 6 Portionen.

RED-STRIPE-HÄHNCHEN
Winsome Warren, Jake's

Red-Stripe-Bier aus Jamaika ist inzwischen auf der ganzen Welt beliebt. Kenner schätzen es wegen seiner Kombination von süßem und bitterem Geschmack. Andere Biersorten können als Ersatz dienen. ☉

1/4 Tasse Pflanzenöl
1 Hähnchen (ca 1250 g), zerlegt
2 Tassen Kokosnußmilch
1 Tasse Red Stripe-Bier
1 mittelgroße Zwiebel, gehackt
1 große grüne Paprikaschote, gehackt
Salz und frisch gemahlener schwarzer Pfeffer

Öl in einer gußeisernen Pfanne bei mittlerer Temperatur erhitzen und das Hähnchen auf beiden Seiten anbraten. Das Fleisch herausnehmen und den Bratensaft bis auf 2 EL wegschütten. Hähnchen wieder in die Pfanne legen und Kokosmilch und Bier angießen. Aufkochen, Hitze reduzieren und zugedeckt ca. 30 Minuten köcheln lassen, bis das Fleisch beinahe gar ist.

Zwiebeln und Paprikaschoten hinzufügen, dann mit Salz und Pfeffer abschmecken. Offen 15–20 Minuten (bis die Flüssigkeit sämig ist) köcheln lassen. Wenn die Flüssigkeit verdampft, bevor das Hühnchen gar ist, etwas Bier zugießen. 4–6 Portionen.

HÄHNCHEN MIT SOJA UND INGWER
Winsome Warren, Jake's

Bei diesem köstlichen Hähnchen-Rezept werden typische Gewürze der jamaikanischen Küche verwendet: Sojasoße, Ingwer und brauner Zucker. ☉

1250 g Hähnchen, in 8 Stücke zerteilt
1 große Zwiebel, gewürfelt
4 Knoblauchzehen, fein gehackt
1/2 Tasse Sojasoße
1/2 grüne Paprikaschote, gehackt
1/2 rote Paprikaschote, gehackt
1/2 Tasse Maisstärke
1 EL geriebener Ingwer
6 EL brauner Zucker
Etwa 2 1/2 Tassen Hühnerbrühe (S. 39)

Hähnchenteile abwaschen, in einen kleinen Bräter geben und mit Zwiebeln, Knoblauch und 1/4 Tasse der Sojasoße würzen. Grüne und rote Paprika hinzufügen. Mit Alufolie abdecken.

Bei 200°C im Ofen 15 Minuten backen. Folie entfernen und weitere 15 Minuten braten, bis das Hühnchen leicht gebräunt ist.

Bratensaft in eine Schüssel gießen und die restliche 1/4 Tasse Sojasoße, Maisstärke, Ingwer, braunen Zucker und Hühnerbrühe hinzufügen. Dies sollte 3 Tassen Flüssigkeit ergeben.

Die Soße über die Hähnchenteile gießen und weitere 15 Minuten braten, oder bis das Fleisch gar ist. Ergibt 4 Portionen.

INSEL-GNOCCHI
James Palmer, Strawberry Hill

Auf Jamaika werden Gnocchi natürlich anders zubereitet als in Italien. Statt der üblichen Kartoffeln werden Süßkartoffeln und Taro verwendet. Die Soße ist aber klassisch. ☻☻☻

2 große Taroknollen
2 große Süßkartoffeln
3 Eier
$^1/_2$ Tasse Mehl
1 TL Paprikapulver
$^1/_2$ TL gemahlener Kreuzkümmel
Salz und Pfeffer zum Abschmecken

Soße

1 EL Öl
1 grüne Paprikaschote, geröstet, geschält und gehackt
1 TL Knoblauch, durchgepreßt
2 TL gemischte Kräuter (Thymian, Basilikum, Petersilie, Salbei)
$^1/_4$ Tasse Weißwein
1 Tasse Sahne
$^1/_4$ Tasse geriebener Parmesankäse

Taro und Süßkartoffeln schälen. In kochendem Salzwasser 12–15 Minuten kochen, bis sie gerade weich werden. Abtropfen lassen. Sobald man sie anfassen kann, Taro und Kartoffeln raspeln und weiter abkühlen lassen. Übrige Zutaten unterkneten, dabei genügend Mehl verwenden, damit ein geschmeidiger Teig entsteht. Teig zu kleinen länglichen Gnocchi formen.

Für die **Soße** Paprikaschoten, Knoblauch und Kräuter in 1 EL Olivenöl anbraten, dann mit Wein ablöschen und zum Schluß die Sahne unterrühren. Soße mit Parmesankäse binden.

Einen Topf 10 cm hoch mit Wasser füllen und aufkochen. Gnocchi hineingeben und etwa 2 Minuten garen, bis sie an die Oberfläche steigen, dann mit einem Schaumlöffel aus dem Topf nehmen und gut abtropfen lassen. Gnocchi mit der Soße in eine Pfanne geben und gut erhitzen. Ergibt 4 Portionen.

FLEISCHTASCHEN
Thomas Swan, Grand Lido Negril

Selbst Jamaikaner geben zu, daß diese würzigen Fleischtaschen aus Haiti stammen. Doch zweifellos munden sie auf Jamaika am besten – wofür nicht zuletzt der Currygeschmack verantwortlich ist. ☺☺☺

Teig

 2 Tassen Mehl
 $1^1/_2$ TL Currypulver (S. 40) oder fertiges Curry-
  pulver
 $^1/_2$ TL Salz
 $^1/_2$ Tasse Margarine
 Eiswasser

Füllung

 1 mittelgroße Zwiebel
 2 Schalotten
 1 Chilischote, am besten Scotch Bonnet, entkernt
 300 g Rinderhackfleisch
 3 EL Pflanzenöl
 $^3/_4$ Tasse ungewürzte trockene Brotbrösel
 $^1/_2$ TL getrockneter Thymian
 1 TL Currypulver
 Salz und frisch gemahlener schwarzer Pfeffer
 $^1/_2$ Tasse Wasser

Zuerst den **Teig** zubereiten. Mehl, $1^1/_2$ TL Currypulver und Salz in eine mittelgroße Schüssel sieben, dann Fett in kleinen Stücken dazugeben und mit den Finger vermengen, bis ein bröseliger Teig entsteht. Nur soviel Eiswasser hinzufügen, daß ein fester Teig entsteht. In Plastikfolie wickeln und mindestens 12 Stunden in den Kühlschrank legen.

Für die **Füllung** Zwiebel, Schalotten und Chilis fein hacken und mit dem Rinderhack vermischen. Öl in einer Pfanne erhitzen, Fleischmischung dazugeben und etwa 10 Minuten kochen, bis es leicht gebräunt ist; dabei ab und zu umrühren. Die übrigen Zutaten unterrühren und zugedeckt weitere 30 Minuten köcheln. Dann ganz abkühlen lassen.

Teig etwa 15 Minuten vor Gebrauch aus dem Kühlschrank nehmen und auf einer leicht bemehlten Arbeitsfläche etwa $^1/_2$ cm dick ausrollen. Mit einem Plätzchenausstecher Kreise mit 10 cm Durchmesser ausstechen, jeweils mit etwas Mehl bestäuben, dann aufeinanderstapeln und mit einem feuchten Tuch bedecken.

Ofen auf 200°C vorheizen. Den ersten Teigkreis mit einem Zwölftel der Fleischfüllung zur Hälfte bedecken, dann zusammenklappen und die Ränder mit einer Gabel fest zusammendrücken. Mit den restlichen Teigscheiben ebenso verfahren. Auf 2 Backbleche setzen und etwa 30 Minuten goldbraun backen. Ergibt 12 Fleischtaschen.

CURRYKÜRBIS
Winsome Warren, Jake's

Der westindische Kürbis hat eine grüne Schale und orangefarbenes Fruchtfleisch. Er schmeckt ähnlich wie Butterkürbis, den Sie als Ersatz verwenden können. Wenn Sie die Schärfe der Chilischoten abmildern möchten, können Sie diese im ganzen mit den Gemüsen kochen und dann vor dem Servieren entfernen. ☺☺☺

1 Tasse getrocknete Mungbohnen
2 EL Pflanzenöl
1 EL Currypulver
2 Zwiebeln, gewürfelt
1 grüne Paprikaschote, in Scheiben geschnitten
200 g geschälter und gewürfelter westindischer Kürbis
1 Chilischote, am besten Scotch Bonnet, in Scheiben geschnitten (wahlweise)

Bohnen gründlich waschen und in eine Schüssel geben. Soviel Wasser dazugießen, daß sie bedeckt sind, und über Nacht einweichen lassen. Abtropfen lassen und die Flüssigkeit aufheben.

Eine gußeiserne Pfanne 2 Minuten erhitzen. Dann Öl und Zwiebeln hineingeben und anbraten, bis die Zwiebeln glasig sind. Currypulver hinzufügen und einige Sekunden kochen, bis sich das Aroma entfaltet. Grüne Paprikaschoten und Chilischote hinzufügen und gut umrühren, dann den Kürbis, die Bohnen, 2 Tassen Wasser und Salz nach Geschmack unterrühren. Bei niedriger Hitze 45 Minuten köcheln lassen, bis die Gemüse zart sind. Bei Bedarf etwas Wasser zugießen. Ergibt 4 Portionen als Beilage.

TIE-A-LEAF
Clifton Wright, Grand Lido Negril

Diese süße Köstlichkeit aus Westafrika gibt es überall in der Karibik. *Dokono* ist die ursprüngliche Bezeichnung, heute ist auch der Name Blue Drawers gebräuchlich. Für dieses Rezept sind 8 gekochte Bananenblätter oder 8 Bogen Alufolie erforderlich. ☺☺

3 Tassen gelbes Maismehl
$1/4$ Tasse Mehl
1 Tasse Zucker
$1/2$ Tasse geraspelte Kokosnuß
1 TL gemahlener Zimt
1 TL gemahlene Pimentbeeren
1 TL Salz
1 EL Melasse
2 EL Vanilleextrakt
$2^1/_2$ Tassen Kokosmilch (S. 40)

Maismehl, Weizenmehl, Zucker, Kokosnuß, Zimt, Piment und Salz in einer großen Schüssel vermischen. In einer mittelgroßen Schüssel Melasse, Vanilleextrakt und Kokosmilch verrühren. Diese Flüssigkeit zu der trockenen Mischung geben und schnell unterrühren.

Jeweils $1/2$ Tasse der Mischung auf die 8 vorbereiteten Bananenblätter oder auf 8 quadratische Bogen Alufolie setzen. Bananenblätter oder Folie zusammenfalten und mit Bananenrinde oder Küchenzwirn zusammenbinden. Die Päckchen in kochendes Wasser setzen – sie müssen bedeckt sein – und offen 40 Minuten kochen, eventuell etwas Wasser zugießen. Ergibt 8 Portionen.

Kulinarische Schauplätze

Alle Fotos dieses Buches sind auf Jamaika in den folgenden Hotels und Restaurants entstanden:

Ciboney befindet sich in einem tropischen Garten mit atemberaubendem Blick auf die funkelnden Gewässer der Karibik. Das Anwesen, einst eine Plantage mit Herrenhaus, bietet eine einzigartige Kombination von Ruhe, Komfort und unvergleichlichem Service. Es gibt 90 Swimmingpools, und die Gäste können authentische jamaikanische Küche in vier Restaurants genießen. Main Street PO Box 728, Ocho Rios, St. Ann. Tel: (876) 974-1027.

Firefly war das Haus, in dem der berühmte englische Schauspieler und Dramatiker Noël Coward während der letzten 23 Jahre seines Lebens wohnte. Firefly ist für sein Panorama und seine Geschichte berühmt. Als Noël Coward dort lebte, wurde er von Prominenten wie Sean Connery, Katharine Hepburn und Queen Elizabeth II. besucht. Firefly befindet sich noch in demselben Zustand wie zu den Lebzeiten von Coward. PO Box 38, Port Maria, St. Mary.
Tel: (876) 997-7201.

Good Hope Plantation Great House (ca. 1755): Das Anwesen bietet Ausblick auf eine Plantage mit Zuckerrohr und Hainen von Obstbäumen. Die Zimmer des Herrenhauses sind mit alten Möbeln ausgestattet, und die beeindruckenden Gärten bieten unzählige Plätze, wo man die Schönheit der Umgebung ungestört genießen kann. PO Box 50, Falmouth, Trelawny. Tel: (876) 954-3289.

Das **Grand Lido Negril**, an einem ruhigen Abschnitt des Strandes von Bloody Bay gelegen, ist das luxuriöseste Hotel von Negril und eines der besten Jamaikas. Das Hotel verfügt über drei preisgekrönte Restaurants. Die Gäste können *Sunset Cruises* auf der Jacht unternehmen, auf der Prinzessin Gracia von Monaco ihre Flitterwochen verbrachte. Tel: (954) 925-0925.

Grand Lido Sans Souci, 3 km östlich von Ocho Rios, liegt an einem traumhaften Privatstrand. Dieses Hotel hat vielerlei zu bieten: Gourmetküche, tropische Cocktails, Land- und Wassersportarten, Heilbäder und Nachtleben. PO Box 103, Ocho Rios. Tel: (876) 994-1206.

Jake's Village ist eine schillernde und bunte Ansammlung von Cottages, einer Villa, einem Open-air-Restaurant und einer Bar. Einige der Cottages sind Farmhäuser des frühen 20. Jh.

aus Holz und Adobeziegeln. Die Pastell- und Erdfarben der Gebäude mit überdachten Veranden und einfachen, von Hand gefertigten Möbeln tragen viel zum unvergleichlichen Flair von Jake's bei. Treasure Beach PA, St. Elizabeth. Tel: (876) 965-0552.

Norma at the Wharfhouse
Norma Shirley, Inhaberin und Küchenchefin dieses Restaurants hat sich durch ihre Kochkunst national und international höchste Anerkennung erworben. Das Restaurant bietet ausgewählt köstliche Speisen und einen herrlichen Ausblick auf die Montego Bay. Reading, St. James.
Tel: (876) 979-2745.

Strawberry Hill liegt auf einem Grundstück von 26 Morgen in den malerischen Blue Mountains. Das Gut hat verschiedenen Zwecken gedient. Anfangs war es eine Plantage mit Herrenhaus, dann ein Marinekrankenhaus. Bob Marley erholte sich dort von einer Schußverletzung. 1994 eröffnete Strawberry Hill als verschwiegenes Hotel im traditionellen Stil des 19. Jh.
Irish Town PA, St. Andrew.
Tel: (876) 944-8400.

Der gemütliche Charme des Hotels **Terra Nova**, einst ein koloniales Herrenhaus, verwöhnt

Gäste, die Komfort und Service in einem kosmopolitischen Umfeld erwarten. Das Hotel ist zentral in Kingston gelegen. 17 Waterloo Road, Kingston 10.
Tel: (876) 926-9334.

Wer eine Liste von Geschäften anfordern möchte, die ungewöhnliche jamaikanische Zutaten verkaufen, kann sich mit folgender Rufnummer in Verbindung setzen:
Tel:(1- 800) 526-2778.

Register

Preiswert und voll im Trend, exotisch und gesund

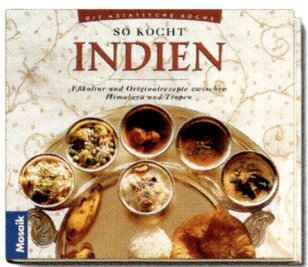

So kocht Indien
ISBN 3-576-10792-4

So kocht Thailand
ISBN 3-576-10790-8

So kocht Vietnam
ISBN 3-576-10793-2

So kocht Bali
ISBN 3-576-10794-0

So kocht Indonesien
ISBN 3-576-10791-6

So kocht China
ISBN 3-576-10789-4

So kocht Australien
ISBN 3-576-11180-8

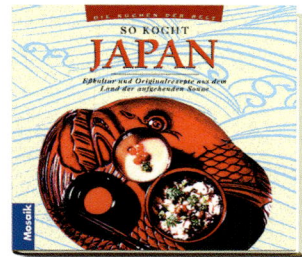

So kocht Japan
ISBN 3-576-11181-6

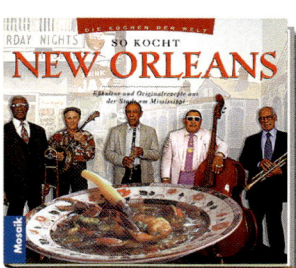

So kocht New Orleans
ISBN 3-576-11182-4

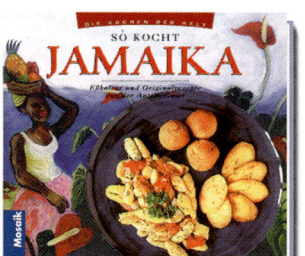

So kocht Jamaika
ISBN 3-576-11183-2

Je Band
132 Seiten, ca. 65
Farbabbildungen
Gebunden

Erhältlich überall dort,
wo es Bücher gibt.

Mosaik